そば打ち一代

浅草・蕎亭大黒屋見聞録

上野敏彦

平凡社

そば打ち一代　浅草・蕎亭大黒屋見聞録◉目次

装幀　日下充典
カバー・表紙写真　川島保彦

そば打ち一代

浅草・蕎亭大黒屋見聞録

序章　秘蔵の弟子

平成二十九（二〇一七）年の三月二十日――。

よく晴れた春分の日の昼前、東京・浅草の「蕎亭大黒屋《きょうていだいこくや》」主人菅野成雄《すがのしげお》と妻の雅江《まさえ》は、言問《こととい》通り裏の店から車で二十分ほどの距離にある足立区の薬王院という真言宗の寺で墓参りをしていた。

近くを流れる荒川の土手は日米友好の五色桜で有名なサクラの名所だが、花見にはまだ少し早く、住宅街の中にある寺は他に墓参客が少しいるだけで、静かなものだった。

菅野が線香をあげた黒御影の墓石の表には「高岸拓川《たかぎしたくせん》の墓」、裏には「知友一同建立　昭和十一年十月　屢空菴高岸為谷居士　六十九才　高岸豊太郎　号拓川」と刻まれている。

墓碑の表は「たかぎし・たくせん」と読むが、この名前に記憶がある者は、相当な蕎麦通といっていいだろう。

明治元（一八六八）年、四国は伊予・松山の生まれ。和漢の典籍はもとより梵語にも精通した文筆家で、古事記や演劇の研究をしていて、東京・滝野川（現在の北区）にあった手打ちそばの名店「日月庵・やぶ忠」をひいきにしてきた。

高岸は、昭和五（一九三〇）年にその店の主人・村瀬《むらせ》忠太郎《ちゅうたろう》の名前で、『蕎麦通』というそばの古典を書き残したことで知られる。同書には各地のそばの概況や江戸時代の故事来歴などが詳しく記されている。そば好きなら復刻本に一度は目を通すのではないだろうか。

その高岸の墓が薬王院にあることまで知っている者はまずいない。菅野がその墓を守っている理由は、自身のそば打ちの師匠である足利に本店を置く一茶庵《いっさあん》の創始者・片倉康雄《かたくらやすお》（一九〇四―九五年）の指示に従ってのことだった。

稀代の美食家・北大路魯山人《きたおおじろさんじん》（一八八三―一九五九年）から、そばを料理としてとらえることの大切さを教わったという片倉には、もう一人の大きな師匠がいたのである。

それが高岸拓川で、新宿でそば屋を始めて間もない二十代の初め、客として出会った際に「君、この店のそばは機械打ちだろう。こんなまずいそばを食わせるのか。少しは『やぶ忠』を見習いたまえ」と一喝されて以来、高岸にほれこみ、押しかけ門下生となった。

江戸の世はそばを打つのは手打ちが当たり前だったが、明治に入ってそば打ち機が発明され、大正から昭和へと時を経るにつれ、機械にそばを打たせるのが大きな流れになり、手打ちができる職人は東京でも数が極端に少なくなったという。

そんな時に片倉康雄は高岸拓川から江戸本来のそばの打ち方を教わるようになり、師匠が昭和十一年十月に六十九歳で亡くなるまで、毎朝のように新宿から滝野川の高岸の自宅へ自転車で通い、朝食を共にしながら食味の訓練を受けた、と自著に記している。

後に不世出のそば職人の地位を築く片倉は、晩年、足利の隣にある群馬県太田市の焼山《やけやま》に移り住む。そこへ昭和五十四年から店が休日のたびに東武伊勢崎線の始発電車に乗って、浅草から太田まで教えを受けに通ったのが菅野成雄と雅江の夫婦だったのである。


片倉康雄はそばを打つことの精神、その道具や器を自分で作ることの大切さなどを、亡くなるまでの十五年間にわたって菅野に教え続けた。

「食はすべてそのもといをあきらかにし、調理をあやまたず、そこのうことなければ、味わいすぐれ、からだを養い、病《やまい》をもいやし、よく人をつくる」

師匠の残した有名な言葉で、食の安全と健康の関係について語り尽くしている。

菅野はこれを額に入れて店に飾り、座右の銘としてソバを自ら栽培。石臼を使って自家製粉し、最良の状態のそばに打って客に供してきた。

片倉は齢を重ねても性格が丸くなるどころか、かなり気性の激しい人のようだった。

「この料理を食って、どう感じたか」

「とてもおいしいと思いました」

「馬鹿やろう。おいしいではわからない。どううまいのか、自分の言葉で表現せよ」

こんなやり取りをするのが日常で、片倉が知人から珍しい和菓子を土産にもらった時など、「東京にある何とかいう和菓子屋を探し出せ」と住所も知らせずに、その菓子を買ってこさせようとする。

どんなに厳しく接しても音を上げることのない性格を持つ菅野を気に入り、秘蔵の弟子として可愛がった。

菅野成雄が自分の店を「蕎亭大黒屋」と名付けたのも、片倉が蕎亭を名乗るよう勧めたからだった。

「拓川先生の墓が尾久《おぐ》あたりにあるはずだから、お前探し出せ、と言い渡されましてね。路地が入り組んでいて、見つけるのは大変だった。それでも現地へ何度も通い、ようやく薬王院にあることがわかり、師匠を墓へ案内し、卒塔婆を立てることができたのです」

菅野は二十年前の思い出を昨日のように語るが、片倉はそれから間もなくして平成七（一九九五）年九月に九十一歳で他界した。

「それ以降、足利のオヤジを供養する気持ちで季節ごとに拓川先生の墓にお参りして、悩み事を打ち明けたり、日本一のそば屋にしてくださいよ、とお願いしたりしているのです。

ただ、拓川さんは身寄りがないため、無縁仏扱いにしたいお寺さんの意向もあり、これから先どうなるかわかりません」と菅野は語るのだった。

「蕎聖《きょうせい》」とまで呼ばれた片倉康雄に、そこまで見込まれた菅野成雄とはどんな生い立ちをしてきたのか。

片倉の生涯について詳しく書かれた本にもその名前は出てこない、いわば無名のそば打ち職人である。

昭和十八（一九四三）年十月、浅草の隣にある花街・吉原で明治から続く履物店の六人きょうだいの五番目として生まれた。

江戸文化の香りが色濃く漂うこの町も、菅野が二歳の時に東京大空襲に遭いほとんどを焼失した。菅野本人は家族と隅田川の風上に逃れ、奇跡的に助かった。

地元の高校を出てから、光学機械メーカーで働いた後、横浜国立大学経済学部の夜間部に通い、学園紛争の時代を経験する。

そして、昭和四十八年に「一茶庵で食べたそばの味が忘れられず、ここで働くことができたら本望」と考えて、西神田店へ住み込みのアルバイトの形で入社した。

そして四年間の見習いを経てから、浅草の柳通りに自分の小さな店を持ち、九年間営んだ後、千束《せんぞく》通りに近い現在の場所に移った。木造家屋で、一階は細長いテーブルの客席、二階には石臼を十一台置いて、こだわりのそば粉を挽いている。

このそばを打つために、菅野は五十歳になろうとする平成三（一九九一）年から十五年の間、茨城県・金砂郷《かなさごう》の山中や長野県須坂《すざか》市の千曲川《ちくまがわ》河川敷へ妻の雅江と通い、自らが理想とするソバを栽培してきた。

その時、使った車は七年間で十七万キロ走って廃車にしたというから、菅野のそばに懸ける情熱が伝わってくるというものだろう。

現在は江戸川の畔《ほとり》にある金町の農地でソバ栽培を続ける。

そんな菅野成雄の打つそばは、小麦粉などのつなぎを一切使わない生粉《きこう》打ち（そば粉十割）で、〇・八ミリの極細めん。本枯れ二年物のカツオ節と昆布、椎茸、醤油、みりんで作った辛つゆにつけて食す。

打ちたてをゆで上げたそばは、やや透明がかった薄茶の混ざった灰色で、表面をじっと見ると、そばの黒っぽい粒々が中に含まれていることがよくわかる。それを一口かみしめると、干し草のような甘い香りがほのかに鼻をくすぐる。喉ごしも微かな粘りを感じる程度で、凛とした味わいのつゆとの相性も抜群だ。

ただ、注文しても目の前に届くまで時間がかかることが多いため、その間に名物の鴨すきうどん鍋を愉しむ客が少なくない。

師匠の片倉が、菅野夫婦がそば屋として生き延びることができるようにと伝授した一品で、合鴨を薄く切った肉と有機栽培のホウレン草や人参、ネギなどを煮立った出し汁にくぐらせて、特製のタレにつけていただく。これをつまみながら純米酒をクピリクピリとやっていると、そば屋に来たことを忘れてしまう、そんな一品である。

今は亡き高円宮《たかまどのみや》が蕎麦飯とろろを食べに通ったり、舞台美術家の妹尾河童《せのおかっぱ》が弟子入りしたという逸話まである大黒屋とは、一体どのようなそば屋なのか。

吉原の履物屋に生まれ育った菅野成雄は、花魁道中の下駄を作る父親の背中を見て育っただけに、徹頭徹尾、頑固な職人である。そばを打つ道具も自ら作り、自家製粉するための石臼に溝を切る目立ての作業まで自分で手掛けるほどだ。

「そば打ちの道に、終わりはありません」

こう言い切る菅野は七十歳を過ぎてから、在来品種という昔から地方にあった風味の強い小粒のソバに関心を見せるようになった。

東京のどんな高名なそば屋でも日ごろ使っているのは改良品種と呼ばれる、在来種を多収穫できるように性質を変えたソバで、在来種そのものを打っているそば屋はほとんどない。手に入れることが難しく、とても高価だからである。

そうした在来種のソバのすばらしさに気づいたのは、岐阜県の下呂温泉で「蕎麦料理　仲佐《なかさ》」を営む中林新一《なかばやししんいち》と知り合ってからだ。

中林は菅野より十六歳若いが、長年在来種のソバを石臼で自家製粉してきたことで全国のそば職人にその名を知られる。

二人とも弟子を持たず、孤高の存在だったが、互いのそばに懸ける愚直な姿勢にほれこみ、毎日連絡を取り合い、そばの話題についてやり取りしているという。

そば打ち一筋で生きてきた菅野だが、吉原最後の芸者と呼ばれ、五年前に九十歳で亡くなったみな子姐さんから小唄を習ったこともある。

大黒屋の店内では気鋭の浪曲師玉川奈々福《たまがわななふく》と三味線弾き沢村豊子の名調子を聴く夕べを持ったり、菅野夫婦が友人たちと尺八や篠笛を吹いたりすることも。

江戸が遠い時代となった今、その下町文化を継承する蕎亭大黒屋の世界を追体験してみてはどうでしょう。（本文、写真とも敬称略）

第一章　裏通りの実力派

大黒屋のせいろそば。数種類のそば粉を調合して、独自の風味と食感を出す

人懐こい笑顔

『鬼平犯科帳』など池波正太郎の作品にも登場する浅草は、明治三十六（一九〇三）年に日本最初の映画館「電気館」が開館するなど、江戸中期以来、娯楽の町として発展してきた。日本最古の遊園地花やしきをはじめ、観光の名所も多く、オペラや軽演劇を鑑賞に来る庶民や、さまざまな食を求めるグルメが押し寄せ、盛り場としてもにぎわった。

浅草神社の三社祭《さんじゃまつり》、鷲《おおとり》神社の酉の市、浅草寺のほおずき市などの見物に近年は海外からも多くの観光客が集まるが、浅草で「だいこくや」といえば、伝法院《でんぽういん》前にある天ぷらの「大黒家」を思い浮かべる人が多いだろう。濃いめのツユにひたして揚げたての大きなエビを出す天丼の店である。

それに対して、蕎麦の「大黒屋」は食通の間で知る人ぞ知る存在だった。それが、インターネットの時代に入り、「東京で食べログ第一位の店」と紹介されたりして、近年は予約を取るのも難しくなってきた。

菅野成雄と雅江の夫婦が営む店は、観光客が集まる浅草寺周辺の喧騒から言問通りを北へ越えて、徒歩で七、八分ほど中へ入った閑静な料亭街の一角にある。

浅草芸妓の派遣場所である「見番《けんばん》」が建つ通りの近くで、数寄屋造りの小体《こてい》な店は居酒屋と民家の間に挟まれ、駐車場もないことから、初めて訪れる客は気づかずその前を通り過ぎてしまうかもしれない。

それでも、枯れ竹の柱に「手打ちそば　大黒屋」と彫った茶色の表札が立つ玄関前には椿の侘《わび》助《すけ》や山茶花《さざんか》、大名竹の小さな植え込みがあって、エビネ蘭の薄紫色の花やナンテンの赤い実などが季節の彩りを添える。

二階の手すりにはアケビに似て甘い実がなるムベという植物が緑色のつるを絡ませていて、秋になると鳥がついばみに姿を見せ、しっとりした下町情緒を漂わせている。

木造三階建ての店の造りは、一階がウナギの寝床のように細長くて右側に小上がりが続き、その奥に調理場がある。客席は今では珍しくなった網代《あじろ》天井に、京風の壁に日光杉の腰板を張り付けるという凝りよう。

掘りごたつに足を入れて座る細長いテーブルが四つに椅子席のテーブルが二つ、合計で二十人の客を迎えることができる。

店主の菅野が客席を充実させているのも、師匠の一茶庵・総師片倉康雄に「自分の住むところは貧相でもいいが、客の空間だけは立派なものにせよ」という教えを受けてのことだった。

また、玄関の植え込みの手入れが行き届いているのは「植木の面倒も満足にみられない人間にソバを育てることなどできるか」と師匠に一喝されたからだ、という。

客に出される品書きは扇子に書かれていて、「おせいろ千二百五十円、田舎そば千三百五十円、そばとろ千六百五十円、そばがき千七百五十円、そばやきみそ六百円…」などとなっている。

小上がりに腰を下ろして、品書きを眺めていると、江戸の空間に迷い込んだような、何とも不思議で、豊かな気分になって来る。

『美味サライ　日本一の蕎麦』（小学館、二〇一五年六月）は菅野の打つそばについて、「蕎麦Web」編集長で写真家の片山虎之介が次のように紹介している。

「漆塗りの器に盛られた同店の十割蕎麦は、いかにも正統の江戸の蕎麦といった風情だ。麺の表面には、生粉打ちならではの細かな凹凸があり、切り口の鋭さから麺自体に張りがあることも容易に想像がつく。

ところが口に含むと、そんな見た目とは裏腹に、ざらつき感は適度に抑えられ、また、滑らか過ぎず、じつに繊細な食感に仕上げられていることに驚かされる」


菅野成雄は東京都千代田区にある手打ちそばの名店一茶庵・西神田店で昭和四十八（一九七三）年から四年間修業した後、浅草観音裏の柳通りに小さな店を開いた。

この地で出前もするそば屋を九年間営んだ後に現在の場所へ移り、自らの理想とする店を造ったのだった。

その後、阪神淡路大震災（一九九五年）が起き、建物の耐震性が問題になったことから、木造三階建てに鉄骨を入れる丈夫な構造に造り替えた。

このため、二〇一一年三月に東日本大震災が起きた時でも、建物の揺れはあまりなく、壁から食器類が落ちることもなかったという。

　以前はそばの打ち場を一階部分の奥に置いてお客さんに見えるようにしていたが、改造後は店の二階に移した。客席から放たれる熱気が自分の打つそばに影響を与えては、と気にかけてのことだった。

師匠・片倉康雄が見守るそば打ち台の前で作業の準備

　二階部分は温度が十五度以下になるよう管理された作業場になっていて、製粉場所が大きなスペースを占める。奥には専用の冷蔵倉庫があって各地で栽培された玄ソバ（殻付きのソバの実）が入った袋が保存されている。
　近年、新ソバを一年以上冷蔵保管すると、熟成され風味がより良くなることもわかってきたため、ソバの貯蔵場所も欠かせないわけだ。
　冷蔵倉庫の手前には手挽きと電動の石臼計十一台とソバの実

の皮むき機、四十種類に及ぶシルク張りの篩《ふるい》が並ぶ。

そばの打ち台の壁には恩師である一茶庵創始者・片倉康雄がほほ笑む写真と、詩人で書家の相田みつをが書いた「道」という詩の色紙が掲げられている。そこには

道はじぶんでつくる
道はじぶんでひらく
人のつくったものは
じぶんの道にはならない

と、相田特有の個性的な書体でつづられている。

古希を過ぎてもなお、そばを打ち続ける職人・菅野成雄の歩んできた人生を物語るような言葉の数々といえようか。

師匠の片倉と相田の関係を補足説明すると、足利の本店内には俳画家・鵜月左青《うずきさせい》の書が飾られていた。その虜《とりこ》になった当時はまだ無名の相田が足繁く店へ通い、片倉と親しくなったのだという。

菅野はこの空間で、その日に必要な量のそばを石臼で粉に挽き、木鉢で捏ねて三本の麺棒を使って延ばす。そして専用の包丁で太さが一ミリにも満たない極細めんに切り分ける。

石臼でそばを挽く。目立ての仕方によって風味が変わる

ガタガタ、ゴトゴト……。そばの皮をむく機械の音や石臼を挽く音が響く室内に、そば粉が舞い散る。

「狭いけど、この場所が一番快適で居心地がいいですね」と言って、菅野は小柄な体ながら、大きな目を輝かせて笑う。

年齢を少しも感じさせない、活力にあふれた、人懐こい表情が印象的だ。

菅野と同世代で名を知られたそば職人の中には、弟子を育てることに専念し第一線から離れてしまった者もいる。

実際、菅野の師匠の片倉康雄にしても、古希を迎えたころには正月など特定の人が集まる祝いの場を除いては、そばを打つことはなかった、という。

「でも俺は体の動く限り、そばを打ち続けますよ」という菅野の姿勢に惚れ込んで、大黒屋通いを長年続けるファンも少なくないのである。

そばといえば、駅の立ち食いそばを例にとるまでもなく、日本人の食生活にとってあまりに身近な料理だ。もとはどんな作物で、どのような歴史をたどってきたのか――。簡単に振り返ってみよう。

ソバはタデ科ソバ属の一年生草本で、タネを播いてから収穫まで大体七十五日かかる。花の色は白で、ヒマラヤ山麓には赤い花が咲く種類もある。

五穀（米、麦、粟、豆、黍）には含まれないが、タンパク質や脂質、ビタミン類、食物繊維が米や小麦より多く含まれ栄養価も高い。北海道から九州に至る各地で広く栽培されていて、山の斜面で一日の温度差が激しく、日当たりの良い畑で育つソバが理想とされている。

そんなソバを世界的に見ると、作物として最初に栽培したのは中国西南部の三江《さんこう》地域で、ここから朝鮮半島を経由して日本の対馬へ伝わったのは三千年以上前の縄文時代とされている。

日本で「蕎麦」という文字が初めて文献に現れたのは、元正《げんしょう》天皇（第四十四代、女帝）の時の詔勅《しょうちょく》で、『続日本紀』養老六（七二二）年の項に「この夏は雨が降らず稲が実らないので蕎麦などを植えて飢饉に備えよ」という記述が出てくる。

救荒作物として農民には身近な存在だったそばの食べ方は、外皮をむいて米などに混ぜて炊いたりして食べるのが一般的だった。

そば粉を捏ねてから平たく延ばして包丁で細く切った「そば切り」の形で食べるようになるのは十六世紀のころで、長野県木曾郡大桑村の定勝寺《じょうしょうじ》に残る文献に、天正二（一五七四）年の仏殿修理工事の竣工祝いに酒と一緒にそば切りがふるまわれたと記述されている。

　戦国時代すでにそば切りが作られていたと推定でき、その後この食べ方は寺院を通じて全国各地へと広がっていく。

　ところで、江戸は初期のころ、そばではなくてうどんの町だったことをご存知だろうか。徳川家康（一五四二―一六一六年）が江戸の町づくりを始めた際、関東周辺から集まってきた人夫はそばよりうどんを常食にしていた。

　そんな江戸の町にもそばが根付いていくが、その契機は徳川四代将軍家綱の御代《みよ》、寛文四（一六六四）年ごろに浅草の吉原に「けんどんそば切り」が現れてからである。

　吉原とそばの関係についてはのちに詳しく触れるが、けんどんとは「慳貪」と書き、一杯盛り切りのそばを売る店のことで、貧しい人たちが食べたと『むかし〳〵物語』に出てくる。

　江戸のそば売りは当初屋台が中心だったが、店を構えたそば売りの数が飛躍的に増えるのは、日新舎友蕎《にっしんしゃゆうきょう》子《し》が『蕎麦全書』をまとめた江戸中期のころである。「粋」という美意識を持つ江戸っ子たちによって、そば文化は成熟の域に達していく。江戸末期には三千八百軒近いそば屋があったという。

　そば屋といえば、「砂場《すなば》」「更科《さらしな》」「藪《やぶ》」の三大暖簾をよく目にするが、この中で最も長い歴史を持つのが大阪発祥の「砂場」で、江戸へ進出したのは寛延四（一七五一）年ごろのことだった。天ざるの元祖として知られる室町砂場など、暖簾会の砂場会は今では百数十軒を数える規模に成長したという。

次いで老舗の「更科」は寛政二（一七九〇）年に信州で布屋を商っていた布屋太兵衛が麻布永坂高稲荷下に店を開き、そばの実の芯だけを使う色が白くて舌触りのよい一番粉（さらしな粉）を使ったほのかな白さが特徴の御膳蕎麦を出して、諸大名や上流階級にも評判だった。

「やぶ」の名が付くそば屋は江戸中期にいくつもあったというが、現在の「藪」につながる店は江戸末期、駒込団子坂にあった蔦屋で、白いそばで甘めの汁を出す「砂場」や「更科」と対照的に茶褐色や緑色のそばに辛口の濃い汁を供することが特徴となっている。

そばの業界には徒弟制度があって、一つの店で年季奉公をして暖簾分けをしてもらい、独立開業する店が多いから老舗の系譜が出来上がっていくのである。


手打ちそばが当たり前だった歴史は、明治十六（一八八三）年に佐賀の発明家・眞崎照郷《まさきてるさと》が開発した製麺機によって大きく変わっていく。

東京ではその十四年後、藪蕎麦の総本家だった団子坂の藪が導入したのが先駆けとなり、製麺機は大正時代にかけて全国へ普及する。当時はまだ手打ち尊重の時代だから、製麺機を物置に入れシートをかぶせてこっそり作業をしたこともあったという。

その結果、そば店でそばを打つ「板前」の職制が「機械場」や「運転」と呼ばれるようになり、手打ちは不衛生とされ、昭和初期には東京でも手打ちそばを出す店は廃れてしまった、と伝えられる。

こうした流れを打ち破り、手打ちそばを復興させるのに貢献したのが、後に大黒屋店主・菅野成雄らを育てる一茶庵創始者の片倉康雄だったのである。

菅野成雄が恩師・片倉の三男英晴が営む一茶庵・西神田店で修業を終えてから独り立ちして浅草の柳通りに十七坪ほどの小さな店「大黒屋」を開いたのは、昭和五十二（一九七七）年十一月十八日のことだった。

店の入り口にはのれんがかかり、大黒屋と書いたあんどんが立っているだけで、よくあるそば店のように値段を記したそばのサンプルなどは店頭に飾っていなかった。

開店当初は母親の玉枝に配膳や洗い場を手伝ってもらいながら、菅野が一人でそばを打ち、せいろをはじめとして天ぷらそばや鴨南蛮などの種物はもちろん、三色そばのような変わり物、みたらし団子に至るまでそばを原料としたさまざまな料理を出した。

その一方で菅野は手打ちうどんにも力を入れ、ネギやナスなどを油で炒めて煮込んだ汁にうどんをつけて食べる野良うどんや、豚バラ肉とインゲンをあんかけにして大きな皿にかけた常夜うどん、冷や汁にうどんを入れたほろみうどんなどの素朴なオリジナルメニューを次々に手掛けた。

地下鉄の浅草駅からも遠く観光客はまず来ない場所で、開店当初は客が一人しか来ない閑古鳥が鳴く日もあったというが、口コミでしだいに客が増えていった。

二年後の昭和五十四年九月に妻の雅江と所帯を持つころには日々二万円から五万円、三社祭や植木市などの大きな行事がある日には十二万円から十三万円の売り上げがあったという。

菅野の新婚時代に知人の紹介で大黒屋を訪れた商社マンの大野修一は「店の中の冷蔵庫に新聞紙でくるまれた日本酒の一升瓶が何本も置いてあったことをよく覚えている」と当時を振り返る。

日本酒の吟醸酒ブームが始まったころで、大黒屋のそばを食べて感激した各地の杜氏《とうじ》が北区の醸造試験所で開かれた品評会に出した最上級の酒を菅野に味見してほしい、と言って置いていったのである。

「最初のころ、そばのことはあまりわからなかったが、酒の品ぞろえに魅かれて週に二回くらい友人、知人を連れて行った。そして、そばに興味を持つようになり、いろいろな店を食べ歩きするうち大黒屋の底力とでもいうべきものを知り、気が付けば四十年近くも通い詰めるようになってしまった」と今では笹川平和財団の理事長を務める大野が話す。

旭屋出版が出す中小飲食店の経営誌『近代食堂』はそのころの大黒屋に注目して「立地がわるく、かつ客数を期待できない状況においても、確かな技術によって一流の商品を出していれば、立派に営業していくことができる」模範例として紹介している。

大黒屋の近くには、長唄三味線の杵屋勝東治《きねやかつとうじ》やその長男の俳優・若山富三郎が住んでいた。若山のマンションへ天ぷらそばを出前すると千円札を出してきて「釣り銭はタバコ代に取ってくれ」と言うのが彼の口癖だったという。

当時は浅草にも料亭がたくさんあり、座敷からそばの出前の注文がよく入った。だが、料亭ではそばは料理をすべて食べた後に口にするのが恒例だった。

「伸びて固くなったもりそばに熱い般若湯《はんにゃとう》（日本酒）をかけて食べるのが『通』だとか、『粋』な世界よとか芸者連中が勝手なことを言いましてね。おれは頭にきて、そばに酒などかけたら膳がびしゃびしゃになるようにそばを盛る蒸籠《せいろ》の下に皿を付けないで出前を持っていった。後で料亭から強く文句を言われましたが、痛快な出来事でした」

と、菅野はそのころの思い出を愉快そうに語る。

そば迷人

菅野成雄は昭和六十一（一九八六）年にそこから歩いて五分ほどの浅草四丁目に新しい店を造り、さらにそばの道を究めていく。

当初ソバの実は製粉会社から購入していたが、どこの土地で取れたどんな種類のソバか出自がわからず、自分の納得がいくようなそばが思うように打てない。

そこで、長野県の須坂や茨城県の金砂郷（常陸太田市）という遠隔地にソバを栽培する農地を見つけ、店の定休日のたびに日帰りで足を運び、自らソバを育てるようになる。

都内では葛飾区金町の江戸川べりに自らの畑を持ち、そばがき専用の韃靼《だったん》ソバを栽培したりした。

ところが、菅野は自身が七十代に入るころに、それまで打ってきた改良品種のソバより、昔から地方にある在来品種のソバのほうが自分の打つそばには向いていることに気づくのである。風味と食感が段違いにすぐれているからだ。

そのことを知ったのは、岐阜県の山間部、下呂温泉で「蕎麦料理　仲佐」を営む中林新一と付き合うようになってからだ。

中林は在来種のソバを石臼で手挽きするこだわりの職人。菅野は中林と一緒に新潟・妙高や長野・上高地の山麓まで在来種の栽培現場へ出かけるようになり、としての新境地を開拓していく。


菅野成雄は大黒屋を開業してから十年くらいは、外二《そとに》（そば粉十に対してつなぎの小麦粉二）でそばを打っていた。これでも十分うまいそばと評判が立ったが、平成八（一九九六）年に店を大改造した際、石臼で自らそばを挽くようになり、つなぎのそばを一切使わない生粉打ちに全面的に切り替えた。

菅野の師匠、片倉康雄をはじめ傘下の一茶庵系の店でも二八《にはち》（小麦粉二割、そば粉八割）でそばを打つのが常識になっている。

片倉の「日本そば大学講座」の受講生で、「翁」を経て「達磨」を営む高橋邦弘《たかはしくにひろ》も自ら書いた『高橋邦弘の蕎麦大全』（NHK出版）の中で、次のように記す。

「打つ時の打ちやすさと、食べた時のつるりとした食感、喉ごしとを兼ね備えたそばにするための比率であり、江戸時代にすでに完成されている。いわば、そばの黄金比ともいえる比率である」


大黒屋の十割そばは、色つや、風味、コシ、かすかな粘りのある喉ごし、と食べた者を満足させる。どんな打ち方をするのか――。平成二十八（二〇一六）年暮れの作業風景を再現してみよう。

昔から手打ちの難しさは「一木鉢（捏ね）、二延《の》し、三包丁」と伝えられるが、そば粉に水を加え、捏ねる作業を「水回し」と呼ぶ。

そば粉の一粒一粒に均等に水を行き渡らせるため、できるだけ素早く入念に攪拌させることが大事で、この作業の良し悪しでそばの出来上がりが決まってしまう。

大黒屋のせいろは、石臼で挽いた特徴の異なる数種類のそば粉を調合して、独自の風味と食感を出すところにその真骨頂がある。

せいろそばと田舎そばの違いは、田舎は香りや粘りを含む甘皮の部分をせいろより多く挽き入れる点にある。

この日は、電動の石臼で挽いた福島・会津と金砂郷の改良種のソバに、石臼で手挽きした栃木・鹿沼《かぬま》在来種のソバと新潟・妙高在来種のこそばをブレンドした。

その大まかな割合は、改良種が三、四割に在来種が六、七割で、改良種に在来種を混ぜ合わせると、在来種の強い風味が改良種に乗り移るのだという。

「このうち、こそばについては粗挽きして風味を際立たせた。石臼というものは使えば使うほど興味が尽きない世界。うちでは殻に付いた旨味成分を引き出すために、一度挽いたソバをもう一回石臼にかけて二度挽きしています」と菅野は語る。

そして、これらを混ぜたそば粉に、山梨県・大菩薩峠の麓で汲んできた水をそばの重量の四十八パーセント入れ、混ぜ合わせる。

大黒屋では一時期、浄水器を通した水道水を使っていたが、そばを打つために最良の原料を使う以上、水もそれにふさわしい天然のものに合わせなければと考えたのだという。

加水率はそばの出来を左右するため、特に神経を遣わなければならず、夏場は湿度が高いから、三五・六パーセントと冬場より少なくすることが大事だ。


そばを捏ねる作業は、カシュウという西洋漆を塗った二尺三寸（直径七十センチ）ほどの木鉢の中で行う。自身の全体重をそばの塊りにかけるように力を入れて手で捏ね回す。の職人に腱鞘炎が多いのも、腕に特に力を入れる仕事だからである。

そばを石臼で微粉《びふん》の状態にうまく挽ければ、つなぎを使わなくても、粘りが出てソバを打てるが、この日萱野は「友つなぎ」という手法を使って、そばの粘りを補強していた。これは友粉《ともこ》、つまり同じそば粉をつなぎに使うことからこう呼ばれた。

師匠の片倉康雄から教わったもので、まず熱々のそばがきを作り、それを水の中に沈めて冷やしてから、そばの塊りに混ぜ込んで、粘りを増強する。

「そばがきの粘着力は小麦粉より強いが、持続力はあまり続かないので、すばやい作業が大事」と萱野は語る。

日新舎友蕎子が寛延四（一七五一）年に脱稿した『蕎麦全書』の蕎麦煮湯煉の条に「そば湯の濃きもの、そばねりの薄き物にて煉る也。此法至極よろし」と出てくる、伝承の技である。

江戸時代に現在のせいろの原型となる「そば切り」が広まるまで、そばはそばがきにして食べるのが一般的だったため、つなぎを考える必要はなかった。

しかし、そばの普及とともに小麦粉や自然薯《じねんじょ》などのとろろ、卵、海藻のフノリなどをつなぎに使うところも出てきた。小麦粉はグルテンという粘りのあるたんぱく質を含むところから、一般的に使われている。

菅野はそうして捏ね上げたそばの塊りを、ヒノキでできたのし台の上で、円形に広げ、麺棒で延ばしていく。そして別の麺棒にこの生地を巻き込んで均一の厚さになるようにしてから、これをたたみ、専用の包丁で駒板《こまいた》をずらしながらリズミカルに切り分けていく。

「十割そばは太くなりがちだが、自分のそばの太さは〇・八ミリになることが理想。足利の師匠に一寸の生地を四十本に切れ、と教わったからです。つゆとの絡み具合が最もいいからで、これを超えると、味見役のカミさんが食べてくれません」と言って、菅野は笑う。

江戸前のそばは平たく延ばした生地一寸（三・〇三センチ）を二十三本に切るので一本当たり一・三ミリの太さになるから菅野の打つそばは、それより〇・五ミリも細いことになる。喉ごしがいいのもそのためなのだろう。

そして、終わりよければすべて良しの喩えの通り、そばをゆでる釜前《かままえ》仕事に神経を使うのである。

手打ちの場合、沸騰したたっぷりの湯にそばを一人前ずつ入れて一分前後でゆで上げる。この時間は打ったそばが改良品種か在来種かなどの材質によって違いも出てくる。

捏ねたそばの塊りを麺棒で延ばしていく

改良を加えた江戸流のそば切り包丁でそばを切っていく

その後、冷水に浸して余熱とぬめりを取り除いてから器に盛って、自慢のせいろの完成だ。

大黒屋自慢の手打ちそばに合わせるそばつゆについて触れる前にそばの相方となるそば汁の歴史についても簡単に説明しよう。

現代では「そばつゆ」と言うが、江戸時代は「そば汁」と呼んでいた。

そば切り当初の汁は味噌が基本で、最古の料理専門書と呼ばれる寛永二十（一六四三）年刊の『料理物語』には「にぬき又たれみそよし」と出てくる。垂れ味噌は味噌を水で溶いて煎じたもので、煮貫きはこれにカツオ節を加えて煎じて漉したものを指す。

信州の木曾あたりでは、辛味大根のしぼり汁に焼き味噌を溶いて入れ、そば汁に使っていたという。

それが、現在のような辛つゆに取って変わられるようになるのは、醬油が広く出回り、カツオ節が作られるようになった江戸も中期以降のことである。江戸末期の文化・文政時代（一八〇四―一八三〇年）に至り、味醂《みりん》も普及するとそば汁の基本が出来上がっていく。

特に、醬油の種類が大坂からの下り醬油である薄口醬油から、関東で造る地回り醬油である濃口醬油へと変化してから、江戸ではそばに合う辛口の汁が広く受け入れられていくようになっていく。

その伝統を引いて、濃い辛口のそばつゆを作ってきたのが、浅草の「並木藪蕎麦」で、もりそばに使う汁について二代目の堀田平七郎は自身の著書の中で「私の店のそばは、本来、猪口の中の汁にそばをどっぷりとつけずに三分の一くらいだけつけて食べていただきたいのです。そうすれば、そばの風味もわかりますし、汁のうまさも味わえるというものです」と書いている。

そばが持つ香りや甘味は、塩を付けて食べるとよくわかる。あるいは、福島県会津地方の山都《やまと》町で昔から食べられている水蕎麦のようにわき水の冷水に浸して食べても、そば本来の味を知ることができる。

しかし、大黒屋では打つそばはもちろん、これを付ける汁の味に魅かれて長年店へ通う客もいるのだ。

一茶庵創始者の片倉康雄は自ら書いた『一茶庵・友蕎子 片倉康雄 手打そばの技術』(旭屋出版)の中で、そば汁について粉屋に奉公していた自身の体験を振り返って、大意、次のように書いている。

「戦前から戦後のかなりの時期まで、そば屋の主人は『汁こそ、そば屋の命』として、返しの取り方を極秘にしてきた。使用人の留守をねらって砂糖を届けさせるくらい神経を使っていたので、主人の下で働く職人はどんな砂糖を、どれだけ使って返しを取っていたか、見当もつかなかっただろう」と。

そば店では、そばを打つ「板前」はいつ他店から引き抜かれるかわからず、職人が代わってもそば汁の味に合わせてそばを打たせれば、その店の味は変わらない。

そうした考えに基づいて、主人はそば汁だけは自分で作り、店の個性を守ってきたのである。

ところが、片倉は手打ちそばの講習会を開くくらいオープンな性格なので、自身が経営する一茶庵系統の店では、そば汁の取り方を誰にでも分け隔てなく教えてきた。

「一茶庵で教わった方法を改良して、自分なりの味に仕上げています」と菅野成雄が話すそば汁の作り方は、次のようなものだ。

そばつゆは、基本的に「返し」と「出し汁」を別々に作り、それを用途に応じて混合して使う。まず、返しを作るためには、市販の濃口醤油を二十三・四リットルと味醂三・六リットル、氷《ひょう》糖蜜《とうみつ》三・二五キロ、上等な砂糖である和三盆《わさんぼん》を三百グラム、京都の千鳥酢少々を用意する。

醤油については以前大手メーカーのものを使っていたが、味が甘くなったり、品質が安定しなかったりしたため、現在は長野県松本市の大久保醸造店が造る四段仕込みの醤油を使っている。

味醂を使うのは返しの味を深めることが狙い。氷糖蜜というのは氷砂糖を作る工程で出る蜜で、口当たりの良い甘味が特徴。和三盆も細やかな粒子と口溶けの良さが返しの味付けに向いている。千鳥酢はまろやかな味と香りが特徴で、火入れの前に入れるとカツオ節のアクを消したり、殺菌効果があるのだという。

大鍋に氷糖蜜などを入れ、味醂を注ぎ、火にかける。糖類が完全に溶けるまでかき回して沸騰させ、アルコール臭を飛ばして、煮切り味醂を作る。

「ここで醤油を入れるが、絶対に沸騰させてはいけない。醤油は八十度以上に温度が上がると、香りや旨味が飛んで、焦げたような味になるからです」と菅野がその理由を語る。

こうして作った「本返し」を一週間ほど熟成させて、角が取れまろやかな風味になったものに、出し汁を加えてそば汁が完成する。

出し汁のほうは、北海道・日高産の真昆布と大分県産の干し椎茸を水につけて、エキスがにじみ出た汁をブレンドして火にかけ、沸騰直前で昆布と椎茸を取り出す。

現在手に入る干し椎茸は電気乾燥させているものが多いので、念のため、店の外で天日干しをしてさらに香りが出るようにしているという。

そして汁が沸騰した時点で、鹿児島・枕崎産の二年物の本枯れカツオ節を削ったものを加え、十三分から十五分後にこれを取り出して、完成させる。

本枯れのカツオ節は生の本ガツオを四つ切りにして半年ほど天日にさらして乾燥させる。この間にカビが生じてきて、たんぱく質がアミノ酸に変化して微妙な旨味を出す。これを二年ほど長期熟成させたものは大黒屋の出し汁をつくる際には欠かせない存在だ。

大体返しが一杯に出し汁三杯で割った程度の濃さのものを、せいろのそばつゆとして供している。これを辛汁やもり汁と呼ぶこともある。

そば屋の卵焼きは呑ん兵衛にとって、そば味噌や板わさなどと並ぶ酒肴《しゅこう》の一つだが、その味を決めるのがそばつゆだ。

大黒屋では黄身の色が濃い奥久慈産の鶏卵を築地市場で仕入れる。これをかきまぜ出し汁と盛り汁を七対三で割ったものを加え、白砂糖と塩少々で味を付け、専用の容器で十二、三分かけて焼き上げる。

ところで、そばの風味を引き立てる薬味の存在も軽く見てはいけない。江戸時代以来、花鰹

（削り節）、大根のしぼり汁、陳皮《ちんぴ》（みかんの皮を乾燥させたもの）、唐辛子、山葵《わさび》、海苔、梅干しなどさまざまなものが薬味に使われてきた。

大黒屋では薬味に山葵は使わずに、菅野成雄が地元の東京・金町の畑で育てた辛味大根をすったものとさらしネギをせいろに添えて出す。

辛味大根は、ねずみ大根とも呼ばれる小ぶりで、尻尾のような根っこが付いているのが特徴。その大根おろしは、消化酵素のジアスターゼを大量に含むことから胃での消化吸収を助ける。

金町の畑では春に土起こしをして、ソバと同じ時期に辛味大根の種を三粒蒔き、そのうち一番育ちの良いものを残し、後は間引きしておひたしにして食べるのだそうだ。

東京・金町の畑で育てた辛味大根を持つ妻の雅江

ネギは、血行をよくする効果があり、歌謡曲「矢切《やぎり》の渡し」で知られる千葉県松戸市の矢切産白ネギを使う。矢切は、菅野が畑を持つ江戸川のほぼ対岸にあり、ここの生産組合の農家から泥付きのものを直接購入している。

山葵について江戸時代の日新舎友蕎子著『蕎麦全書』には辛味大根がないときの代用品と記述されている。新島繁著『蕎麦の事典』（講談社学術文庫）

でも、そばの薬味の御三家は刻みネギ、大根おろし、七味唐辛子と紹介されている。山葵は刺激が強すぎて、そばの風味を殺してしまうので、蕎麦通には敬遠されることも多い。だが、せいろを二枚食べるようなときは口直し効果が大きいという。

そばを手繰り終えて最後の楽しみが、そば湯を呑むことである。そば屋でそば味噌などを肴《さかな》に酒を呑むことを「そば前」と呼ぶのに対し、そば湯をすすることを「そばの後口」ともいう。

元禄十（一六九七）年の『本朝食鑑』には「蕎麦切の煮湯を呼て、蕎麦湯と称して言ふ。蕎麦切を喫して後、此の湯を飲まざれば必ず中傷せらる。若《も》し多く食し飽脹すと雖《いえど》も、此の湯を飲むときは則害無し」と記されている。

そば湯を飲む風習は信州から始まって、江戸で広まり、そば汁とそば湯を混ぜたものを「御雛《おしな》湯《ゆ》」と呼ぶようになった。

そば湯の中には、旨味成分の水溶性のたんぱく質が溶け込み、栄養分も豊富に含まれているため、そば屋の中には煮詰めてポタージュのようにしたものを出す店もある。

「うちでは自然体でいきたいので、そういうものは作りません」と言う菅野がそば打ちの最後の行程について次のように語る。

「そばをゆでる始めのころそば湯は薄いが、段々濃くなってくる。濃くなったなという段階で、釜の湯の半分を空け、水を加えさらに熱を加える。こうしないと、安定したゆで方ができないからです。そば湯にはルチンのような体にいい栄養分もたっぷり入っているのだから、最後の〆まで十分に楽しんでください」

大黒屋のそばは典型的な江戸風蕎麦だが、このシンプルなそばのファンは多く、かつてグルメ雑誌の『ダンチュウ』が平成三（一九九一）年四月号で、「銀座線浅草駅から徒歩二十分、ここまでやってくる人のために、うまいそばを食べさせたいという店主の心意気が自家製粉につながっている」として、次のように紹介したことがある。

「せいろは極細のめんで、硬からず柔らからず、のどごしスルスル。『そばはのどごしで食べる』との店主の言葉通りの味わいだ。田舎そばは甘皮も一緒にひいたもので、太目のめんでしっかりした歯触り、香りがよい。そして、この店のもうひとつの特徴は、日本酒を揃えていることだ。『そばが食べたいけれど、なかなか出てこないので酒を呑んで待つ』という客のために置いたのが始まり。大吟醸、吟醸酒、純米酒をはじめ、入手しにくい銘柄も並ぶ。そば焼きみそかそばがき、あるいは鴨すき鍋で一献。最後にそばを食べて帰るというのがこの店での楽しみ方。夫婦二人で切りもりしている店で、自家製粉、手打ちとあれば、そばが出てくるまで時間がかかるのも当然だろう。それだけ待っても満足、納得できるのが大黒屋のそばの味である」

書かれてから四半世紀たっても、少しも色あせていない寸評と読める。いや、現在ではそばの質もさらに高くなっていて、いぶし銀のような輝きを見せていると言えようか。

菅野成雄は自身のそば打ち一筋の人生を振り返りながら「あらゆる点で満足できるそばはなかなか打てません」と言って、次のように続ける。

「そばは怖い。粉と水だけでできる単純なものだけれど、何か工夫をすれば必ず応えてくれるのがそばです。温度や湿気などの気候に左右されるのはもちろんのこと、打ち手である自分の体調や気分、気力で出来上がるそばは全く違ったものになる。

満足できるそばが打てるのは、年に数回くらいでしょうか。自分はうまいそばを打つためにはいろいろなことを試してみないと気が済まないのです。何台か持っている石臼の目立て（石の表面に目を刻むこと）もすべて自分でやり、一台ずつ違った粉を挽けるようにして、それらを調合したものでそばを打つ。

長野や茨城に畑を借りてソバを自家栽培したのも、そばの性格を知りたくて勉強したかったからです。そばは原材料がすべて。いい玄ソバが手に入れば、その持ち味をどうやって生かそうかと考えるわけだから、技術は後から自然についてくる。そんな感じです。

そばを打っていてせいろの麺がいつもより太くなると、カミさんは口に入れても『お客様に失礼です』と言って、食べてくれない。日々どういうそばを打つか、自分はそば名人どころか、そば迷人と言っていいような人生を送っています」

花柳界育ち

菅野成雄は昭和十八（一九四三）年十月十三日、東京都台東区新吉原の揚屋町《あげやまち》で、父藤之助《とうのすけ》と母玉枝《たまえ》の間に六人きょうだいの五番目の子供として生まれた。

明治以来、花街で続く唯一の履物屋で、藤之助は会津から桐の木を手に入れ、芸妓や遊女らの下駄や草履を作って評判だった。

店は大黒屋を名乗っており、そば屋として独り立ちした菅野もその屋号を引き継いでいる。もともと町名の揚屋は、江戸時代に客が高級遊女と遊んだ場所の名に由来する。

実家の二軒隣は芸者の置屋だったので、菅野は小さいころから三味線や太鼓の音を聴きながら、花柳界の空気に触れて育っていった。

吉原と言えば、浮世絵や歌舞伎をはじめとする江戸文化の発信地として栄えた。江戸の最盛期には三千人の遊女がいたとされ、歌舞伎、吉原、魚河岸《うおがし》で一日に三万両が動いたといわれるほどの盛況を見せた。

菅野が生まれた年は二月にガダルカナルから日本軍撤退、四月に海軍大将・山本五十六の戦死と続き、真珠湾奇襲で開戦の幕を開けた太平洋戦争で早くも日本の劣勢が伝えられていた時期だった。

花柳界の華やぎもまた、戦時下の歌舞音曲禁止などさまざまな統制で、息をひそめざるを得なかった。吉原の象徴だった鉄製のアーチ型の大門も軍への供出《きょうしゅつ》で大砲の弾の材料にされたという。

その吉原をはじめ、東京の下町一帯を焼き払ったのが、昭和二十年三月十日未明の東京大空襲である。

首都上空を覆った米軍のB29大型爆撃機が地上に情け容赦なく焼夷弾の雨を降らせ、約十万人の生命を奪ったのだ。

浅草では関東大震災でも焼け残った浅草寺の本堂も五重塔も、すべてが焼け落ちるほどの壊滅的被害を受けた。

『東京大空襲・戦災誌』第一巻は、花街・新吉原の当時の様子について「吉原遊郭は赤、黄、緑の原色が炎とともに燃えさかり、五月の幟《のぼり》のように吹きあれ、特徴ある家並みが紙細工の崩れ落ちるように燃えおちた」と記している。

江戸町、揚屋町、角町《すみちよう》、京町で構成されていた新吉原では、昭和十九年末に約千二百人いた娼妓のうち三百人以上が焼死したり、隅田川で溺死したりしたと伝えられている。

新吉原の中心部の揚屋町にあった菅野成雄の生家も灰燼《かいじん》に帰し、焼け野原には吉原病院はじめわずか五軒の鉄筋建物が残っただけだった、という。

こうした新吉原の惨状に対し、すぐ北側に位置する日本堤にあった「土手の伊勢屋」と「桜なべ中江」は焼け残った。

伊勢屋は明治二十二（一八八九）年創業の天丼店で、強火の胡麻油で揚げる穴子や海老が丼からはみ出すほど大きいことで有名だった。

中江は同三十八（一九〇五）年から続く馬肉料理屋で、味噌だれを使った桜鍋の元祖。滋養強壮に良いとされ、「馬力をつける」の言葉は吉原の桜鍋を食べることが語源になったそうだ。

両店とも現在は文化庁の国指定登録有形文化財になって繁盛しているが、これらの老舗があの空襲で焼け残ったのは「奇跡としかいいようがない」と地元では語り伝えられている。

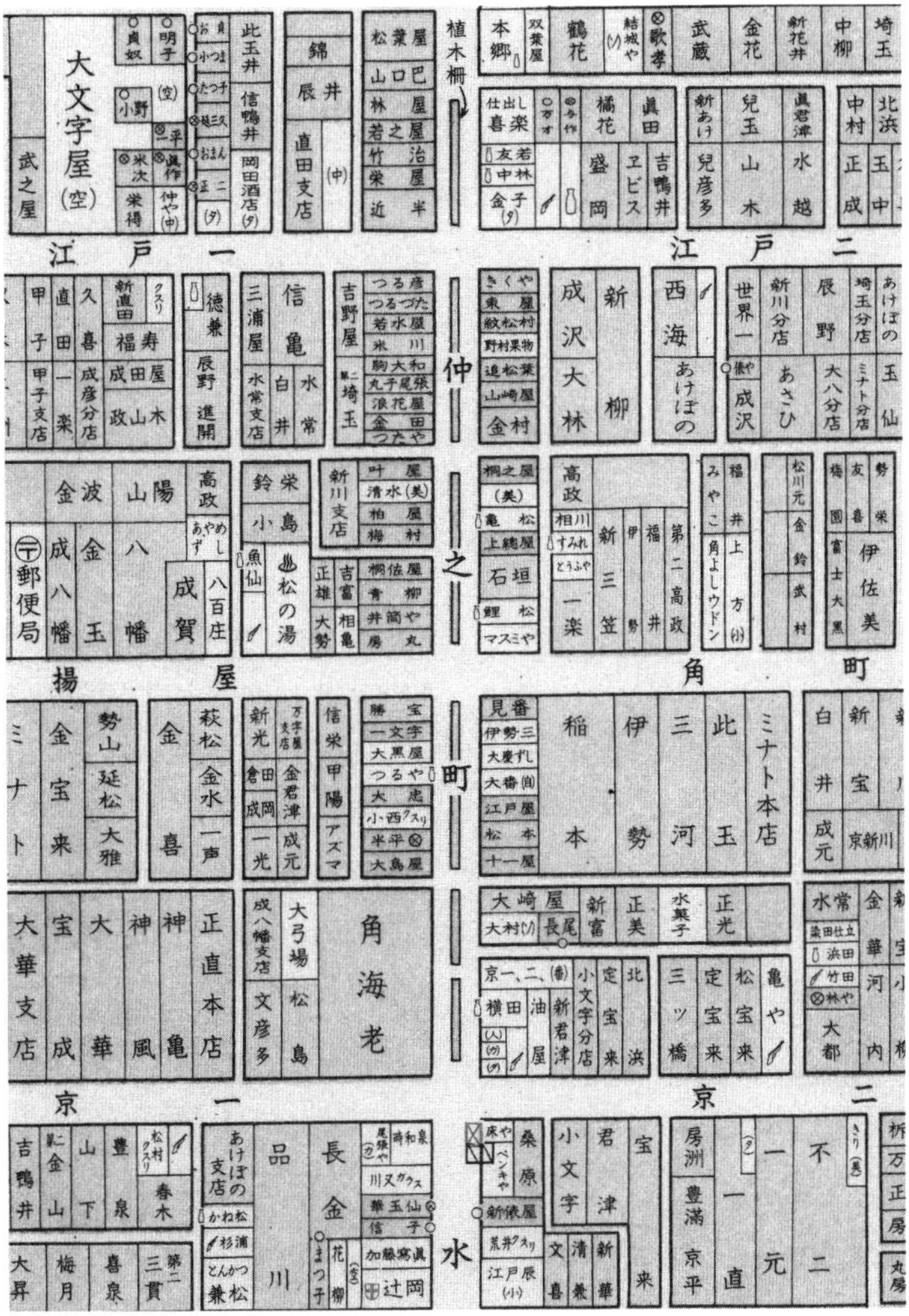

昭和20年、戦災当時の吉原の地図（荒井一鬼著『吉原現勢譜今昔図』）。仲之町の通りと揚屋の筋が交差したところから下へ三軒目に大黒屋がある

東京大空襲は、下町好みの作家、永井荷風（一八七九―一九五九年）が住む港区麻布の偏奇館をも全焼させた。

荷風はこの時の経験を「余は枕元の窓火光を受けてあかるくなり隣人の叫ぶ聲のたゞならぬに驚き日誌及草稿を入れたる手革包を提げて庭に出でたり、谷町邊にも火の手の上るを見る……」と『断腸亭日乗』に記した。

荷風と並ぶ日記作家の高見順（一九〇七―六五年）は『敗戦日記』の中で、当時の被災地・浅草の様子を次のように生々しく書いている。

「三月十二日　浅草へ行くべく東京駅で山の手線に乗りかえようとしてその歩廊に行くと、――罹災者の群だ。まるで乞食のように惨澹たる姿に、息をのむ思いだつた。男も女も顔はまつさおで、そこへ火傷をしている。（略）

兄妹連れが一隅にうずくまつて、放心したように足もとに眼を落して、じつとしている。両親はどうしたのだろう。腹が減つて動けないのだろうか。眼が熱くなつた。

（略）

浅草へ向けて歩いた。…通つた街、見た家並はもうことごとく焼けている。ことごとく、――駅前から見渡す限り、ことごとく焦土と化している。ひどい。何んとも言えないひどさだ。想像以上だ。

（略）

（関東大）震災でも残つた観音さまが、今度は焼けた。今度も大丈夫だろうと避難した人々が、本堂の焼失とともに随分沢山焼け死んだという。その死体らしいのが、裏手にごろごろと積み上げてあつた。子供のと思える小さな、――小さいながら、すつかり大きくふくれ上つた赤むくれの死体を見たときは、胸が苦しくなつた。
象潟《まさかた》、千束《せんぞく》にかけて一望の焼野原。吉原も焼けたようだ。行つて見たいと思つたが、約束が気になり、上野へ戻らねばならぬ」

この時、吉原に住んでいた菅野成雄はまだ二歳の幼児。どうやって戦火から逃れたのだろうか――。

「隅田川の風下に避難したら炎に包まれていたでしょう。特に言問橋には多くの人が殺到し、皆助からなかった。うちは習志野の連隊にいた一番上の兄貴がたまたま家へ帰って来ていて、皆を風上に誘導してくれた。

一家で親父の実家がある金町を目指したのですが、自分はお袋の背中にしがみついて布団をかぶったまま尾久橋《おぐばし》を渡った。ところが、対岸に着いた時は息をしていなかったそうで、あわてたお袋が逆さまにして振ったら、ワーッ、ワーッと泣き出した。

あの時に気づいてもらえなければ、そばを打つ現在の自分はなかったかもしれません。

うちの家は、明治四十四（一九一一）年の吉原大火、関東大震災、それに東京大空襲と三度にわたって焼き出されたのですが、戦後もどこからか木材を集めてきて昭和二十一年には家を建て直した。吉原って町は活気があって、立ち直りも早かったのです」
と菅野は七十年前を振り返る。

昭和二十年の秋、焼け跡となった吉原には瓦礫を覆い隠そうとするかのように、すすきが生え広がった。

そこに焼け残った鉄筋の建物が進駐軍の慰安所になったが、吉原は海外でも「ゲイシャガール・ヨシワラ」として知られていただけに、若い兵士が殺到した。

この時の様子を永井荷風は『断腸亭日乗』の十月二十五日付「街談録」に「東京吉原遊郭には焼残りのコンクリート建築を修繕したる女郎屋十軒ほどあり。黒人の米国兵卒を歓迎し毎夜繁《はん》昌《じょう》する由《よし》なり」と書いた。

翌年一月、GHQ（連合国軍総司令部）は日本の公娼制度は「民主主義の精神に反する」として廃止するよう通達を出し、これに替わる形で、吉原では特殊飲食店が集中的に立地する赤線地帯が誕生した。

「こんな 女に 誰がした」の一節で知られる「星の流れに」を菊池章子が歌ったのは昭和二十二年の秋。戦争の犠牲になり、夜の町角に立たざるを得なかった女の嘆きと哀しみを訴えた歌が多くの人々の心をとらえ、大ヒットした。

永井荷風は『断腸亭日乗』の昭和二十三年二月二十二日付で当時の吉原の様子を次のようにつづっている。

「合羽橋《かっぱばし》より電車に乗り千束町《せんぞくまち》停留場に降り大鷲《おおとり》神社焼跡を過ぎて吉原遊廓に入る。仲《なか》の町《ちょう》に桜の若木を列植す。娼家は皆バラックにて店口の体裁向島の娼家と同じく喫茶店の札を掲げ娼婦各三、四人路傍に立ちて通行人を呼止む。風俗良家の婦女の如く中に容貌頗《すこぶる》好きものもあり。年齢概して若し」

　菅野成雄の実家がある仲之町の通りには戦前、道の真ん中に植え込みがあって、サクラやツツジ、フジ、キクと季節の花が咲き乱れ、吉原の季節を彩るショーウインドウのようだったという。焼け跡になってからもまたサクラの木を植えて、その雰囲気を復活させようとしていたのだろう。

　吉原の戦後の復興が早かった時代背景について、菅野の小学校時代の同級生で、浅草吉原振興協会の事務局長を務めた大里米太郎《おおさとよねたろう》は次のように語る。

「吉原が昔からある風俗の町だったことを考えると、慰安施設を早く作らないと、男たちをコントロールできない。そういう場所を早く復興させなければ、というお上の思惑もあって建築資材を優先的に回したのでしょう。当時は統制経済の時代で、モノはそう簡単には手に入らなかったのだから」

　大里の実家は戦前から遊郭をやっていた。本人は戦中に母方の実家がある栃木へ疎開していて、吉原に戻ったのは幼稚園児だった昭和二十二年のことだが、

「家はちゃんと建っていた。それでもうちから上野駅の汽車の発着場が見通せるほど、周りは見事に焼け出されていた」と振り返る。

菅野成雄は昭和二十五年春に、日本堤の通りを越えたところにある待乳山《まっちやま》小学校（現・東浅草小学校）へ入学した。

一学年の児童数は二百五十人くらいで、四クラスあったという。

下町の子供たちは着る服は満足になくても、皆元気にあふれ、学校が終わるや家へ帰ってカバンを放り出すと、外へ飛び出した。

缶けりやメンコ、ベーゴマをしたり、紙芝居をみたりして遊んだ。

南千住の工場跡地でくず鉄を拾ってきて、それをわずかなお金にしてもらい、駄菓子屋へ入り浸った。

「走り回ってころんで血が出ても、唾をつければ治ると教えられた時代。駄菓子屋ではアンズ棒を買ったり、もんじゃ焼きを食べたりした。

ただ、チャンバラや軍隊ごっこは、進駐軍に見つかるとアメリカへ連れて行かれるぞ、という噂が子供たちの間で広がって誰もしなかったものです」

エネルギーを持て余した少年たちは、五寸釘をゴットン、ゴットンと走る路面電車の都電の線路の上に置き、平べったくして地面に突き刺して遊んだりした。

菅野成雄の実家の履物屋は吉原の中心に位置する揚屋町にあったので、いつも芸妓や遊女でにぎわっていた。

吉原の路地でかくれんぼをする時は、遊郭の四畳半へ迷い込むこともあり、菅野は遊女の白粉の匂いを嗅いだりして大人の世界を垣間見ながら成長していく。

菅野と小学校時代の同級生の大里米太郎は「彼はいたずらを率先してやるガキ大将だった」と言って、次のエピソードを紹介する。

大里は毎日、菅野の家へ寄って連れだって登校していたが、ある朝、遊郭から出てきた客に菅野は近づき「おじさん、気持ち良かった？」と大声で語りかけたというのだ。

ランドセルを背負った子供にからかわれた客は狼狽するが、一夜をともにした女性は「何てませた子なの、あっちへお行き」と顔色を変えて怒った、という。

菅野は「悪友の大里にそそのかされてやったことで、自分の本意ではなかった」と言って、六十数年前の思い出を笑いながら振り返る。

この頃は、担任の教師が家庭訪問を名目に菅野の家や遊郭を営んでいた大里の家へやって来る、そんな時代だったので、子供たちも大人の微妙な感情を読み取る能力にたけていたようだ。

菅野は学校から帰ると、父親・藤之助の下駄作りの手伝いをさせられることも多かった。桐下駄に砥《と》の粉を塗った後、布でふいて乾かす下駄磨きの作業などをした。

本人が今でも浅草芸者たちの下駄の鼻緒をすえたりできるのは生家での経験が大きいようだ。

妻の雅江はふだんも和服姿でいることが多く、下駄を履いているが、「お父さんが鼻緒をすえた下駄が一番履き心地がいい」と話している。

菅野も「長男の兄貴が親父の店を継がなければ、自分が履物屋をやっていたかもしれない。まさかそば屋になるとは思わなかった」と話す。

大黒屋は当時、吉原で働く娼妓の履物を一手に引き受ける存在だったので、芸妓が履く高歯の下駄や忍び草履などを作っていた。忍び草履というのは底がフェルトでできていて、遊郭の廊下を歩く時に音が出ないよう作られた特殊な履物だった。

「うちの店は若い女の子でいつもにぎわっていたのです。盆や暮れの時期には地方へ帰る娘たちに着飾りなさいと言っておかみさんたちが履物を買い与えに来ていた。吉原では遊女が逃げ出さないよう金でがんじがらめにしたなんて言われたが、自分の時代にはそんなことはなかったと思う」と菅野は話す。

物づくりの技術

「シゲちゃん」と呼ばれ、下町を駆けずり回って元気に育った菅野成雄少年は、昭和三十一（一九五六）年に文京区の水道橋にある私立昭和第一中学へ入学する。エスカレーター式に進級できる商業学校で、高校を出るまでここに六年間通った。

「うちは一番上の兄も、二番目もここ。三男になる自分は無試験で入学した。NHKの名アナウンサーだった宮田輝さんのような著名人も出ている。ブレザーを着てネクタイを締めて通ったが、自分の人生でネクタイをしたのはこの六年間だけだった」と話す。

中学入学の年、経済白書が「もはや戦後ではない」と宣言したが、菅野一家にとってこのころ一番大きな出来事は、昭和三十三（一九五八）年三月一日の売春防止法施行だった。

その前日の夜十一時に、約百六十軒の店の灯りが一斉に消え、江戸以来三百年に及ぶ不夜城の

昭和33年、売春防止法が施行された頃の吉原。写真の左側、「たばこ」の看板が掲げられているのが菅野の生家（『東京下町の昭和史』）

花街の歴史に終止符が打たれたのだった。

その時の雰囲気を、吉原の引手茶屋「松葉屋」の女将、福田利子《ふくだとしこ》は『吉原はこんな所でございました　廓《くるわ》の女たちの昭和史』（主婦と生活社）の中で、次のように記している。

「吉原最後の夜は、まことにあっけないものでした。（略）赤線最後の日だといって、人が大勢押しかけるでもなく、花魁たちが最後を飾るでもなく、ただ戸を閉め、灯りを消して、それで終わりでした」

菅野もその後の様子を「街から女性の姿がめっきり少なくなった」と言って、以下のように回想した。

「それまでは故郷へ帰るときには父や母へのおみやげにと、親父がつくった下駄を買いに来ていた女の子たちが町からいなくなったのは、驚きでした。

店は閑古鳥が鳴くありさまで、うちでは乾物屋から紹介された小学生向け雑誌の付録を作る内職の仕事を家族皆で細々とやって何とか食いつないでいったものです」

赤線廃止後は、遊郭の九十軒余が旅館業に転業し、一時期は中学校の修学旅行や炭鉱離職者の宿などに利用されたが、男女の連れ込み宿もできたりして、そうした雰囲気を嫌う団体客が激減した。

その一方で、安く買いたたかれた土地の上にキャバレーやトルコ風呂などが登場して、吉原は現在のような風俗営業主体の新しい町に生まれ変わっていく。

「吉原の名前は年ごろの子供を持つ親としては気恥ずかしい」などと訴える地元住民の要望もあって、昭和四十一年の住所名変更で、新吉原江戸町や新吉原揚屋町などの吉原が付いたかつての地名はすべて「千束四丁目」に統一され、吉原の地名は地図上から姿を消した。

ただ、かつて江戸公園と呼ばれた場所などを吉原公園と呼んで当時の名残りを今に伝えさせている。

吉原の再生がうまくいかなかった理由について、前出の福田利子は、徳川幕府公許の遊郭として誕生して以来、三百余年にわたり一種の保護区で生活してきたので、温泉を掘り当てても野球場ができる話が出ても、前向きに生かすことができなかったのだという。

赤線廃止から六十年近くもたった吉原は今も約百四十軒ものソープランドが立ち並ぶ、日本一の風俗地帯だ。しかし、古い木造家屋も多いうえ、風俗店が使うボイラータンクもあって、東日本大震災発生後、防災体制の見直しが急務になっている。

吉原商店会の事務局長も務めた大里米太郎はこの町の未来像について「吉原は江戸以来の外枠が今もはっきり残る町。ここにツインタワーのビルでも建てて、一棟は一般の住居棟、もう一棟に『呑む、打つ、買う』専用施設を集めたらどうか。ソープで使うお湯を住居棟でも使えるようにすれば便利だし、それくらい大胆なことを考えなければ防災を意識した再開発はうまくいかないのではないか」と話している。

菅野成雄の中学時代に話を戻すが、浅草から離れた水道橋まで通学するようになると、世間の風潮にも関心が芽生えてくる。

昭和三十五（一九六〇）年は、日米安全保障条約をめぐって国論が二分した政治の年だった。五月に自民党が衆院で安保関連法案を強行採決すると、社会党を中心に抗議の声が沸き起こり、三十三万人のデモ隊が「アンポ反対」と叫んで国会を包囲した。東大の女子学生、樺美智子《かんばみちこ》が死亡して世情が騒然となった。

現首相・安倍晋三の祖父に当たる岸信介が混乱の責任を取って首相を辞任した。だが、菅野にとって何よりも衝撃だったのは、この年十月に日比谷公会堂で起きた、社会党の浅沼稲次郎委員長刺殺事件だった。

浅沼を刺した山口二矢《おとや》が所属していた大日本愛国党の本部は浅草の寄席である木馬亭《もくばてい》の近くにあった。

「自分と同じ十七歳の山口が、どうしてあんな血なまぐさい政治テロに走ったのか、その理由を知りたかった。うちの兄貴は軍隊上りで、少年の保護司という立派な仕事をしながら弟の自分をすぐぶん殴る。世の中には不条理なことがいっぱいあると感じていたので、浅沼事件には興味津々でした」

そんな世相を横目に、菅野は昭和三十七年に商業高校を卒業すると、世田谷区の二子玉川にある杉浦研究所へ住み込みで入り、医療用光学機械の製造技術を学んだ。

ここはオリンパス光学工業で、世界で初めて胃カメラを開発した杉浦睦夫が独立して昭和三十三(一九五八)年に立ち上げた会社で、菅野は旋盤技術から入り、カメラの組み立て方までさまざまなことを教わっていく。

「自動車のタイヤの傾斜を測る光学機械を作る人がいたりして、とても面白い世界だった。花魁の下駄を手で作る親父の仕事を手伝いながら育った自分にとって、この会社で精密機械を作る手法を学んだことの意味は大きかったと思う。

そして何より、杉浦所長が朝礼のあいさつ時に口にしていた『人生、流転してとどまるところを知らず』という言葉が、その後の自分の人生を予言したようで、忘れられない経験になりました」

と菅野は振り返るが、足利の師匠・片倉康雄が彼をもっとも気に入った理由も、そばを打つ道具まで自ら作りだそうとする前向きな姿勢と、それに裏打ちされた技術を身に付けている点にあった。

片倉が上野で開いた日本そば大学の受講者は皆どうやったらうまいそばを打てるか、というテクニックに関心を持っていても、そのそばを打つ道具を作るところまでは手が回らないという者が少なくなかったからだ。

杉浦研究所で三年間精密機械の作り方を学んだ菅野成雄は、昭和四十一（一九六六）年四月、横浜国立大学経済学部の二部（夜間部）へ進学する。

「大学へのあこがれは人並みにあったし、たまたま夜学ができたので、これなら働きながら学べると思った」と菅野は当時を振り返るが、国立大二期校の横国経済は当時、東京外語大と並んで一期校の東京大学や京都大学などの試験に落ちた学生が受験する難関校だった。

京浜急行線の南太田駅から急な坂を十分ほど上る清水ヶ丘キャンパスは本来なら港町横浜にふさわしい開放的な空間なのだが、学園紛争の時代を迎え、重苦しい空気が漂っていたという。

「街の灯りがとてもきれいね　ヨコハマ…」

いしだあゆみが歌った「ブルーライト・ヨコハマ」が大ヒットするのは、菅野が横浜へ通うようになってから二年後のことである。

「授業料が安かったから受験しただけで、昼間は丸の内にある日本郵船で経理補助のアルバイトをしてから夕方横浜へ向かった。授業に出たり、弓道部の練習があったりと忙しく、夜十時ごろまで喫茶店で政治問題についてあれこれ議論してから、最終の京浜東北線で東京へ帰って行く。毎日そんなことの繰り返しだったが、昼間の一般学生ほど真面目ではなかったから、何とかやってくることができたのでしょう」

大学では国際関係論を専攻していて、本橋渥《もとはしあつし》教授の中国経済論のゼミに参加した。このころは文化大革命を強行した毛沢東の在り方が論議の対象になっていて、キャンパスでは毛語録やレーニンの翻訳本を読む学生の姿も目に付いたという。

教授やゼミの仲間と野毛《のげ》の古くからある琉球酒場「波の上」に顔を出して、豚肉料理のテビチ煮付けなどをつまみながら、甕《かめ》から汲んだ泡盛を呑んだりして、談論風発の場も経験した。

全共闘学生らが占拠した東大の安田講堂へも足を運んだが、抗議行動の一環として大学の貴重な蔵書類を焼却する学生たちの姿を見て、「社会を変革しようという志を持つ者の行動とは思えず、共感を持てなかった」と振り返る。

昼のバイトもこなしながら、夜は大学生を務めるという超多忙な二重生活を体験しながら、菅野は昭和四十六（一九七一）年春に卒業していく。

アポロ14号が月面に着陸した時代で、国内ではファッション雑誌を小脇に抱えたアンノン族と呼ばれる若い女性たちが無邪気に旅を楽しんでいたころの話である。

第二章　蕎聖・片倉康雄

一茶庵の創始者・片倉康雄

開かれたそば屋

昭和四十六（一九七一）年三月に二十八歳で横浜国立大学経済学部を卒業した菅野成雄は、普通の若者より大幅に遅れて社会へ旅立ったため、一般企業への就職は難しかった。入社の際の年齢制限に引っかかっていたのである。

高度経済成長を遂げていた時代。学園紛争でバリケートの中に立てこもった若者の多くは大学卒業時ともなると、長髪を切って企業へさっさと就職するのが当たり前だった。浪人や留年などしていない学生のほうが従順だから企業は歓迎する、そんな空気が流れていた。同窓生の多くはすでに銀行や商社などの大手企業に勤務していたが、自分はこれからどうやって生きていくか――。

「大学を出ても、特にやりたい仕事はなかった。そば屋といえばビルになっている店が目についたので、儲かる商売ではないかと思った。食べることにも関心があったので」

菅野は叔母の紹介で東京・市ヶ谷にある「丸屋」という中華そばと日本そばを扱う食堂へ入り、ここの二階に住み込み、そばとうどんをゆでるという地味な仕事を一年間続けたのである。

そうするうちに足利一茶庵の創始者・片倉康雄が、上野・池之端にある中華料理店「東天紅《とうてんこう》」で手打ちそばの講習会を開くことを耳にした。

これは、「日本そば大学講座」と銘打ち、片倉のそば打ちの技術を「神技」と賞賛する食味評論家の多田鐵之助《ただてつのすけ》が本人に声を掛けて実現した試みである。このころは、脱サラ組が独立して飲食店を開業するのが一種のブームになっていた時期でもあった。

それまでそば業界の暖簾は、弟子入りして暖簾分けをする形で引き継がれてきたが、片倉の教室方式はそうした旧来のやり方を打破する画期的なものだった。

菅野もこの集まりに参加したいと思いながらも、授業料の四十万円は準備できる額ではなかった。当時の大卒初任給は約五万円という時代に八か月分の給料をつぎこむことなど到底考えられなかったからである。

それでも、片倉の打つそばを一度は味わってみたいと足利の本店へ足を運び一口食べると、食感から風味まですべてが違うことが素人の舌でも十分にわかった、という。

「ここまで来なくても、東京でもうちのそばは食べられるよ」と店員に教わり、千代田区の専修大学近くにあった一茶庵の西神田店を訪ねてみた。

日本橋川にかかる堀留橋《ほりどめばし》の脇にある蔦が絡む木造の三階建て家屋がその店で、「パートタイマー募集」の張り紙があったが、対象は若い女性に限ると記されていた。

菅野成雄は何度か店へ足を運び、「皿洗いだけでもさせてください」と頭を下げ続けるうち、欠員が出て住み込みで働くことが認められた。

昭和四十八（一九七三）年七月のことだ。西神田店の来歴に触れると、戦前大森で蕎麦割烹《かっぽう》といってもいいほど大きな店を開業していた一茶庵の片倉康雄は戦後足利に本店を移した。そこから東京へ再び凱旋する意味をもって、昭和三十六年二月に開店した。

片倉の三男英晴《ひではる》が店を率いて、妻と従業員二人程度の大きくない店だったが、昼の時間帯で百人くらいの客が詰めかける繁盛店だった。

信州八ヶ岳の山麓で育ったソバをそば粉八割、つなぎの小麦粉二割の「二八」で打つ手打ちそばが評判で、蕎麦を盛る器や猪口《ちょこ》、薬味入れも調度品のような美しさだった。

顧客も富士銀行の頭取をはじめ上客がほとんどで、銀行の全国支店長会議の時などには数百人分の出前を届けたこともあった。

政財界からの声掛けも多く、会員制クラブへ出張して手打ちそばの実演をすることもたびたび経験した、という。

作家の落合恵子が「おんなのテーブル　この店この味」という雑誌の記事で、当時の西神田店の様子を取り上げ、「この店ではじめて、〝そば〟という食べものが、このように芸術品的であり、作る人によって、こんなにもおいしいのだということを知った」と賞賛した。

英晴は落合の取材に対し、「店をもっと小さくしたい。店を拡張すれば、人手が増える。と、忙しさにかまけ、質も味も落ちて、手作りの名が泣きますよ。自分で、一からやらにゃ気に入らない、どうも貧乏性で」と語っている。

一茶庵・西神田店は昭和六十年に都市再開発などの理由で閉店するまで、この当時日本の手打ちそばの世界を主導してきた伝説の名店だったのである。

菅野成雄はそうしたの名門といってもいい世界へ見習いで入った。そして、気づいたことを「そば　うどん　菅野成雄」と表紙に万年筆で書いたA四版の分厚いノートに記していった。

今では紙も茶色く変色し、インクのにじんだページに

「ゆで麺を冷水で洗うのはなぜか？　必要以上のアルファ化を防ぐためで、アルファ化が進行すると表面の粘着力が増大して、汁のほうへ溶け出して濁りの原因となる」

などと、小耳にはさんだことを走り書きしていた。

そのノートを繰りながら、菅野は当時の一茶庵・西神田店を「そば屋にしては珍しく外へ開かれた店で、一生で最高の商売を見つけたと思った」と、修業の様子を次のように振り返る。

「店へ入ってまず驚いたのは、丸屋で働いていた時には機械打ちのそばをゆでるのに三分かかったが、手打ちではわずか四十秒でゆで上がることを知った点だった。機械の圧力ってそれほどそばに強く作用する。これはまさに目からウロコの経験でした。

そば屋の大事な仕事に、醤油と砂糖を混ぜて返しをつくり、それに出し汁を合わせてそば汁を作る作業があるが、有名な店であればあるほど、主人がすべてを自分でやり、若い職人にはそばつゆの作り方など手の内を明かさない。職人が生き残るための自衛手段なのだが、それがこの店では入店した翌日からカツオ節の出し汁の取り方まで教えてくれた。

そば粉を盛るときも、普通のそば屋ならそば粉を丼に一杯分入れたら、つなぎの小麦粉は半分くらいというように、目見当のところが多いが、一茶庵では秤できちっと計量する。水を加える

量も、その時の気温、湿度で決めるというように、科学的なそばの打ち方を学んだ。やること、なすことすべてに合理的な理由がある。珍しいことばかりで、本当に勉強になったものです」

当時は神田にも出雲そばを除けば手打ちの店などまだほとんどないころで、菅野はここで四年間、みっちりそば職人としての基本を学んだ。

「店の裏の南京虫がよく出るアパートに住んでいたので、定休日の日曜になると店へ出てきて、いろいろ勉強した。主人が土曜に打ったそばの残りを見つけて、それに小麦粉を加え、そばを打つ練習もした。『これは給料ではなくて、小遣いだよ』と言って、月にもらったのは三万円だったけど、最高に幸せでした」

上野の手打ちそば講習会は片倉康雄の話を聞くといっても、頭でそばについて教わる、どちらかと言えば座学が多かったが、菅野が身を置いたのは体でそば打ちを体得する実践の場だったのである。

多くのそばファンに惜しまれる中、西神田店が閉店する際、菅野はそばをゆでる釜とのし台、まな板を記念に譲り受けたという。

菅野成雄は一茶庵・西神田店で修業を終えた後、独り立ちして昭和五十二（一九七七）年十一月に大黒屋を開店するが、その後片倉康雄本人の謦咳《けいがい》に接するようになっていく。

それにはその二年後に結婚した田崎雅江の存在が大きいので、妻の生い立ちについて触れよう。

雅江は昭和二十一（一九四六）年三月七日、神奈川県川崎市の渡田新町《わたりだしんちょう》で自転車屋を営む田崎正太郎、きくのとの間に三女として生まれた。

東京の立川と川崎を結ぶ国鉄南武線の沿線に当たり、住宅と農地が混在するところで、近くのため池にはザリガニや雷魚、カメがすんでいて、こうした生き物と接しながら大きくなった。少女時代は縄跳びやフラフープ、缶蹴りなどの遊びをしてすごしたという。

勤務先の測量会社が浅草にあった関係で、菅野と見合いをすることになり、互いを気に入って、神田明神で挙式した。

新婚旅行は二泊三日で木曾方面へ出かけ、奈良井宿に泊まり、漆器や春慶塗を見てきたが、ベンチに座って呑んだ地酒「七笑」のコップ酒がおいしかったことを覚えているという。

大黒屋については、そば研究家の宮下裕史が書いた『そば読本』（平凡社）の中で、「走る蕎麦屋」と紹介されたことがある。

菅野が客と話をするために調理場から客席へ高下駄をはいてダッダッダと駆けつけたり、注文を受けた雅江が店内を小走りにサッサッサと移動したりする様子をユーモラスに表現したものだ。大黒屋の個性は小柄ながら元気いっぱいの店主菅野と、上品でおっとりした感じの雅江夫婦の取り合わせの妙にもあるのだった。

店の奥の調理場から「グズグズするな」、「そばが伸びるぞ、馬鹿野郎」と夫の怒鳴り散らす声が聞こえてくれば、「ハイ、ハイ…」とそれに応じて、客席を健気に走り回る妻。

夫が妻を虐待しているそば屋と勘違いされることもあるが、子供がいない二人は私的な時間になると、「お前」「シゲちゃん」などと呼び合う仲睦まじい夫婦の姿に戻るのである。

「うちのお父さんは最初のころは、中の調理場から大声を出すだけだったけれど、あんたも少しは変わらなきゃ駄目よと私が言って、改心してきたの。最後の御勘定の時にお客さんの前に来て、あいさつもできるようになったのだから成長したものね」

と言って、雅江は笑う。

大黒屋では昭和六十二（一九八七）年から十五年間、東大医学部付属看護学校の女子学生がアルバイトとして働いていたことがある。

「安心できる大人がいて、おいしいものも食べることができる、バイトに通うのが楽しみな店でした」と語るのは、その学生バイト第一号だった浅野（旧姓・庭山）あさみで、当時の店の様子を次のように振り返る。

「店が忙しくなってくると、ダンナさんはおカミさんに辛く当たる。おカミさんは少しも悪くないのに。私、あまりに切なくて、ある時、ハンガーストライキを起こして反抗したことがあるんです。まかないのご飯を食べさせてもらうのが一番の楽しみだったのに、それを食べません、と宣言してしまった。ダンナさんは何が何だかわからないとポカーンとしていました。あとで天ぷらをお土産に持たせてくれましたが」

大黒屋でのアルバイト経験を通して、下町の人情を知った浅野は、三社祭でも神輿を担ぐようになり、今では年一回、この日になると家族四人で大黒屋へ駆けつける。

「最初はもみくちゃにされ、神輿に近づくこともできなかった。それが両肩を真っ赤にしながら担ぐようになり、今では神輿に触れることで、一年分の力をもらっている気分になるのです」と話す。

同じように、平成三（一九九一）年秋から二年半アルバイトをした三枝（旧姓・三賢）万里子も「バイトの私たちがひるむほど二人のやり取りはすごい時もあった。それでもおカミさんはご主人の扱い方をよく心得ていて、それを見て私は患者さんと付き合う看護の仕事に生かしていったように思います」と振り返る。

足利詣で

そんな菅野成雄と雅江が新婚生活を始めて、まず実行したのは群馬県太田市の焼山にある片倉康雄の工房も兼ねた自宅に通うことだった。

片倉は一茶庵の西神田店にも時折、顔を見せていたから、菅野の元気な様子は印象に残っていたに違いない。

片倉が浦和の空襲で亡くした長女の名前が正恵で、雅江と同じ「まさえ」という読み方だったことも、二人に親近感を持つようになった理由の一つだ。

菅野夫婦は店の定休日である火曜に毎月二回、浅草駅を午前五時二十三分始発の東武伊勢崎線に乗って師匠のところへ向かった。

自家製のそば汁を缶に詰めて市販用の商品を作ったり、いろいろな雑用の手伝いをしたりする。その合間を見て二人は片倉師匠から玉子焼きのような基本的なものから、松茸の土瓶蒸しのような技が生きるものまで、日本料理全般の作り方を教わった。

そんな感じで一日を過ごしてから、一茶庵専用のそば粉やうどんに使う小麦粉を分けてもらい、これをリュックサックに詰めて、太田から最終電車で浅草へ戻っていく。

よいそばを打ちたい、と黙々と通い続ける弟子夫婦の熱心さに感心した師匠は、ホンダの軽自動車を一台プレゼントしてくれたこともある。

「うれしかったけど、中古の車で実はブレーキが利かず、ヒヤッとしました。後にはシビックも一台いただきましたが」と菅野は当時をなつかしがる。師匠がホンダの車を愛用していたのは、本田技研工業の創業者、本田宗一郎が西神田店の熱心なファンだったからだという。

片倉は昭和四十五（一九七〇）年、六十六歳の時に足利市の一茶庵本店があるところから、渡《わた》良瀬川《らせがわ》をはさんだ太田市の焼山へ移り住み、良いそば打ちになりたいと志を持って訪ねてくる若手を個人的に指導していた。

約六百坪の広大な敷地には、日本家屋の母屋のほかに、そばの道具や器を作るための工房も備えた一茶庵の聖地とも呼ぶべき存在だった。

そのはるか前から、一茶庵の手打ちの世界を学びたいと、うどんすきで有名な大阪「美々卯《みみう》」の薩摩卯一やソバ打ちの職人が片倉の下へ訪れていたが、こうした現象を神社仏閣参りになぞらえて、飲食業界では「足利詣で」と呼んで、話題にしていた。

後に「蕎聖」とまで呼ばれるようになる片倉康雄は、どう成長してきたのか。

明治三十七（一九〇四）年三月に、利根川に近い埼玉県北部の樋遣川《ひやりかわ》村（現・加須市）で父清治郎、母ことの間に九人きょうだいの末っ子として生まれた。

日露戦争が始まり、風雲急を告げる時代で、清治郎は漢学を修めていて蔵書も多く、その影響で片倉も尋常高等小学校に在学中から論語や森鷗外、夏目漱石に親しむほど知的に早熟な子供だった。

父親は同時にシャモ（軍鶏）の飼育を道楽とするほどの食通でもあり、母親のことは草木染めや機織り、そばを打つ腕の良さでも村内でよく知られていた。

片倉は小学校を卒業してから、十代半ばで家出をして上京した。姉の嫁ぎ先だった日本橋の魚問屋や粉屋、画材店で働きながら商業学校に入学してから、神田の簿記学校で複式簿記を学ぶ。

大正十二（一九二三）年の関東大震災に遭遇したものの、片倉はこのころから会計士として働き、当時の大学卒業生の十倍くらいの収入を得ていた。その金を使って料亭通いなどを続け、若くして美食三昧の生活に明け暮れたのだという。

そして、それから三年後の片倉が満二十一歳の時、新宿駅東口の食堂横町に「一茶庵」の屋号でそば屋を開店した。

駅前に三越百貨店が開業し、東口が飲食店街として発展していくころで、当時は青果店だった「新宿高野」が洋風建築に改装し、フルーツパーラーを名乗って営業を始めていた時期でもあった。

間口が二間半、奥行き五間半の規模の店で、一茶庵と名付けた理由はそばと縁の深い江戸の俳人、小林一茶の没後百年が翌年に近づいていたことと関係があるとみられるが、片倉がそのあたりを語った記録類はない。

若くしてそばで身を立てようとした理由について本人は『一茶庵・友蕎子　片倉康雄　手打そばの技術』の中で、次のように記している。

「私はおふくろの打つそばが大好きだった。子供ながらに、おいしいと思った。そばが食べたいばかりに、小さいうちから、おふくろの手伝いをよくしたので、十二、三歳になる頃までには、そばがどういう順を踏んで打つものであるかもおぼえてしまった。長じて東京に出てからも、おふくろのそばの味は、ずっと舌に残っていた。その味が、湯水のようにカネをつかう生活の中で、あるときふいに、それまでに考えたこともなかったほど大事なものとして鮮明に浮かび上がってきた。

おふくろの打つ『毛のように細いそば』――あれを、自分の手で再現しよう！　おれが一生をかけるに値する、真面目な仕事はこれだ、と考えるにいたったのである」

師匠も兄弟子も持たず、そば屋の修業も満足にしないまま片倉康雄が新宿で開業した一茶庵は、開店当初から相当目立ったようだ。

「そばはまずいくせに、妙に熱心な店」という風評が立ち、時事評論家の長谷川如是閑《はせがわにょぜかん》や信州出身の作家・小林蹴月《しゅうげつ》らいろいろな文化人が店に顔を出した。

昭和四年に今和次郎《こんわじろう》が編集した『新版大東京案内』（中央公論社）には関東大震災から復興する新宿の様子が次のように描かれている。

「先《ま》づ飲食店といへば、三越の横丁は食傷新道である。澁谷バー、追分バー、珍々亭、三岩食堂等々、いづれも五錢十錢といふ箪價で以つて客をよぶ所謂《いわゆる》大衆向食堂である。近來《きんらい》からした家へもチラホラと女客が這入るのは婦人の街頭進出の一現象と見るべきであらう。中に一茶庵といふ蕎麦屋が群鶏中の一鶴とでも言つた存在を見せてゐる」

一茶庵が「群鶏の中の一鶴」とまで紹介されたのも、客筋が他の大衆食堂と明らかに違ったからなのだろうか。

開店二年目の昭和三（一九二八）年には、麦とろにヒントを得たそばとろを一杯五銭で売り出したところ、これが大ヒットし、一茶庵は屋号ではなくて、「そばとろ屋」の愛称で呼ばれるようになった。

この当時の様子について片倉本人は『手打そばの技術』の中で、次のように記している。

「その頃折よく、酒井真人《まなんど》という人が、十銭文庫で『東京繁盛記』を出し、その中で『新宿の駅前の薄汚い食堂横丁に、ダイヤモンドの如く光っている店がある。それは一茶庵だ』と書いた。この紹介で学生連中がさらにわんさと押しかけ、『五銭のそばとろ』『五銭のそばとろ』と、じつによく売れた」

酒井真人は川端康成らと第六次「新思潮」に加わった小説家で、新宿にも詳しかったので、影響は相当大きかったとみられる。

麦とろは炊き立ての麦飯にとろろ汁をかけたものだが、片倉が考え出したそばとろは、すりおろした大和イモをそば汁でのばし、そばにかけた種物で、早稲田や慶応の学生が店へ押し掛けて評判になった。一日に約七百杯、日曜には千五百杯近くが売れ、大和イモを約五俵（一俵が五貫目、約二十キロ）も使ったという。

そばとろは、現在、大黒屋でも客に出すが、「すり鉢に卵の白身だけ入れて、細長い大和イモをすりこぎのように使ってやわらかくする。とろろが白身の二、三倍の分量に増えるよう、ふわっとさせる。メレンゲのような状態に仕上げるのがコツ」と菅野成雄は話す。

このそばとろを応用して作ったそば飯とろろは、大黒屋の常連だった故高円宮の大好物でもあった。

このころ、店へ顔を出したのが北大路魯山人で、片倉康雄のそばを初めて食べた時、「まずいそばを出しているようだが、近ごろ良くなったそうじゃないか」などと感想を話し、その後何度も店へ通うようになっていく。

その後、魯山人が「星ケ岡茶寮」の支店である「銀茶寮」を銀座の服部時計店裏に出した時、頼まれて石臼で引いたそば粉を届けたこともある。

「それでも、お礼を言われるどころか、どなりつけられたり、土下座をさせられたりすることがあるような高飛車な人だった、と師匠は言っていた」と菅野成雄は話す。

片倉が魯山人から教わったのは、「料理を作る者は、自分の料理に合うような器を考えよ」ということで、まず白木の器や塗り物などから自分で作り始め、魯山人のように焼き物の世界にも入っていったという。

同時に片倉がもっともこだわったのが、そばを打つための道具作りである。先に紹介した『一茶庵・友蕎子　片倉康雄　手打そばの技術』は、片倉が足かけ十六年を費やしてまとめた集大成だが、この中で道具作りについて、次のように記している。

「たとえば、私は道具についてうるさく言う。麺棒や庖丁《ほうちょう》は、そばの微妙な変化や反応を素直に伝えてくれるものでなくてはならないし、微妙な変化・反応についていけるものでなくてはならない。そばの邪魔をせず、かつ、こちらを疲れさせることのない道具が、よい道具である」

片倉は同書で「道具は職人の命」とまで語っているが、若いころ大枚をはたいてトラック一台分の木曾檜を買い込んでソバを打つ道具をあれこれ作ろうと考えたが、使えるのはわずか麺棒一本分しかないと指物師《さしものし》に聞かされ、大損をすることによって道具作りの奥深さを思い知らされたという。

秘伝のレシピ

そんな体験をしてきた片倉康雄と、吉原の下駄職人を父に持ち、精密機械を組み立ててきた菅野成雄の関係は、単にの技術を伝授し合う師弟関係をはるかに超えたものであったに違いない。

「足利の師匠はそばの打ち方については、お前、西神田の店で息子の仕事ぶりを見ていただろ。あれがすべてさ、という言い方だった。妻の雅江には、ぼくが体を壊してそば屋ができなくなった時のために、うどんの打ち方を教えてくれたが、自分にはああしろ、こうしろとは言おうとしない。

師匠も足利で戦後一茶庵を再開した時、水道料金の支払いにも困るくらい困窮したというから、自分でもいろいろと汗を流して体で覚えろ、ということだったのかもしれない。それにどこか人を見るようなところがあって、この男との付き合いはここまでで十分と判断したら、後は相手にしないような冷めたところもあった。

一茶庵のそば大学で学び、片倉師匠の直弟子を名乗る人の中には、そば打ちの技術など何も教わらなかったと嘆く人もいるが、そんなことはないと思う。ヒントはいろいろもらっているはず。ただ、そばを打つ道具つくりの大切さについては、ものを作ることが苦手でない自分はよくわかっていただけに、師匠との距離はそば大学の受講生より近かったと思う。

道具と技術は一体のものというのが師匠の考えで、良い道具を使わなければうまいそばは打てない、ということだった。八十歳を過ぎても、新しい工具を見るため専門店へも一緒に出かけたし、その行き帰りにおいしい店へ連れて行ってもらったものです」

菅野成雄は師匠・片倉康雄との思い出をこう語るが、師匠が足利を訪ねてくる他の弟子にそばを盛る舟という器を渡すときには、漆を塗った舟を差し出すが、菅野には白木の舟だけ渡し、「お前は自分で塗りなさい」というように、いつも課題を与えた。

そば粉を捏ねる木鉢や湯桶などのそば打ち道具についても、自らの手で漆を塗ることを覚えさせた。

そばの打ち方以外にも、たとえばそば寿司の具に使うエビのそぼろをつくる時も同様だった。

ゆでると薄いピンク色になり、味もいい芝エビを使うが、湯に通して色が付いたら皮をむき、包丁でたたいてから、フードプロセッサーでさらに細かくしてから裏ごしする。銅の鍋にはしを五、六本使って焦がさないように粒々が出てくるまで煎《い》る。白砂糖だけで味を調える。

片倉は他の弟子にはエビのそぼろを持ち帰らせるが、これも菅野には「お前は自分で作りなさい」と言って、現物を渡そうとはしなかったという。

「俺だけ差別しやがって」と悔しく思う気持ちが、菅野を職人として大きく成長させるバネになっていったようだ。

片倉師匠との断片的なやり取りを、弟子の菅野は一茶庵・西神田店以来大事に手元に置いてきたノートに、次のように鉛筆で書きためていく。

・旨いぬか漬けを作るためには、ニンジンやダイコンは干し、キュウリ、ナスは塩もみにしてから使うが、ぬか床に佐久間ドロップを入れるのが隠し技。
・豚の角煮は、酒、味醂、醬油などで煮るが、仕上げ前にオレンジ味がするフランス産リキュールのコアントローを加える。
・玉子焼きは、鯛と海老のすり身に卵と大和イモをすったものを加えて焼くが、橙色が仕上げの色。
・コンニャクの辛煎りは、コンニャク、生姜、モツを酒、醬油で煮て、味醂を加える。ベーリ

片倉から贈られた「友蕎子門下店」の掛け軸

ーブズやクローブ、セージを香料として使い、コニャックを最後に垂らす。

当時としては、秘伝のレシピといっていい内容だ。

片倉康雄は海外を旅行したことがないにもかかわらず、稀代の美食家・北大路魯山人とも付き合いがあっただけに、こうした海外の食材をも使いこなす先進的な技を身につけ、戦前は大森海岸に蕎麦割烹を開き、一世を風靡したのだった。

菅野は、割烹料理のノウハウを片倉と雑談する中で、耳にしたものを、師匠の見ていないところでメモに取り、そのエッセンスを習得していくのである。

そうした弟子の熱心さと成長ぶりに感心した片倉は、ある時、新聞紙に筆で「蕎亭」としたため、「店の名前に『きょうてい』と付けるように」と菅野に伝えた。菅野は木に「蕎亭大黒屋」と彫ってその看板を玄関の上に高々と掲げた。こうしてそばの業界では誰もがうらやむ店名が誕生したのであった。

現在、大黒屋には「友蕎子門下店」と師匠が自筆で書いた掛け軸も保管されているが、「この掛け軸をいただいた門下生も他にはあまりいなかったのではないか」と菅野は語る。

そんな片倉康雄も若いころは、魯山人の教えもあって道具つくりの大切さを知ってからは東向島の木地屋《きじや》・森下源一郎や塗り師・江部伝咲らと懇意にし、蒸籠や盛り込みの用の器など洗練された塗り物づくりに力を入れてきた。自ら地金《じがね》を集め、そば切り包丁まで打っていたというから驚きの世界である。

それから半世紀が経った後、菅野本人も森下の二代目雅廣と知り合うようになり、麵棒やノシ板、まな板、駒板などのそばを打つための道具を作ってもらったりしてきた。

森下雅廣は、中学生になった自分の孫が木地屋の後を継ぎたいと申し出てきた時、「自分は小学生の時から父親の仕事を手伝ってきた。中学生から始めるのでは遅いのだよ」と言って断った、というほど厳格な生粋の職人だ。

そば道具つくりの本場は東京で、戦後プラスチック製品が出回るまでは、腕自慢の職人がそれぞれの自信作を作ってきた。

「それを問屋が職人の頭越しに安価な品を地方に求めるようになって、手抜きの道具が氾濫した。これならプラスチックのほうがまし、とまで言われるようになってしまった」と森下は嘆いていたという。

菅野はこうした職人と付き合いながら、そば打ち道具にする良い木材を手に入れるため、同じ栃木県内で足利からも遠くない日光の今市にある材木市場へ通ったという。

中でも一番要《かなめ》の麵棒はヒノキやイチイで作るが、直径二十四ミリ、長さ九十センチが標準。そばを延ばしている際にそばの厚みが手に伝わってくる必要があり、特にそばの実の中心部分だけを使ったさらしな粉を打つ時には、ヒノキが一番ふさわしいそうだ。

「麺棒の手入れは、最初に糠油とクルミの脂で薄い幕をつけよ、そうすればそばの生地が棒につかないと師匠に教わりました」と菅野は語る。

木を使って精緻《せいち》な道具を作るためには、木の性質が安定するまで十分に枯らす必要がある。特に狂いが生じてはならない麺棒の場合、水につけたり、その後原木の状態にし、さらに用材として削ってから、合わせて三十年以上の寝かし期間が必要となる。

ここまで寝かせれば狂いのない、一生使える麺棒ができるのだが、そうした理想の道具を手にすることができるそば職人は少ないという。


また、菅野は森下にそば切りに使う専用のまな板も作ってもらった。普通のそば店ではヒノキの一枚ものの板を使うが、これでは包丁で木の繊維を切ることになり、包丁が傷みやすい。

そこで片倉師匠がフランスのまな板にヒントを得たという一茶庵方式の寄せ木細工の板を特別注文したのである。

ヒノキの柾《まさ》の小口切りを六十枚張り合わせて一枚の板状にしたもので、包丁が当たった時の感覚も柔らかく、板面の減りも少なく、二十年間使い続けても、一、二ミリしか減らないという。

「自分でもかまぼこの板を半分に切ったものを何枚も接着剤で張り合わせて作ろうとしたが、結局うまくできなかったので、森下さんにお願いした」と菅野は話している。

そば打ちの仕事の要諦は「一木鉢、二延し、三包丁」と以前にも触れたが、熟練度を要求される点ではそばを切り分ける「包丁」は侮れない、と片倉師匠は自著で次のように触れている。

「自己流に陥りやすい危険性が高い仕事なので、妙な癖をつけて応用範囲を狭め、こなせるそばの種類を少なくしてしまうことのないよう、正しい形をしっかりと身につけなければならない」

菅野がそばを切る包丁は、以前は長野・黒姫の鍛冶師らに作ってもらっていたが、現在は東京

そば切りに使う専用のまな板

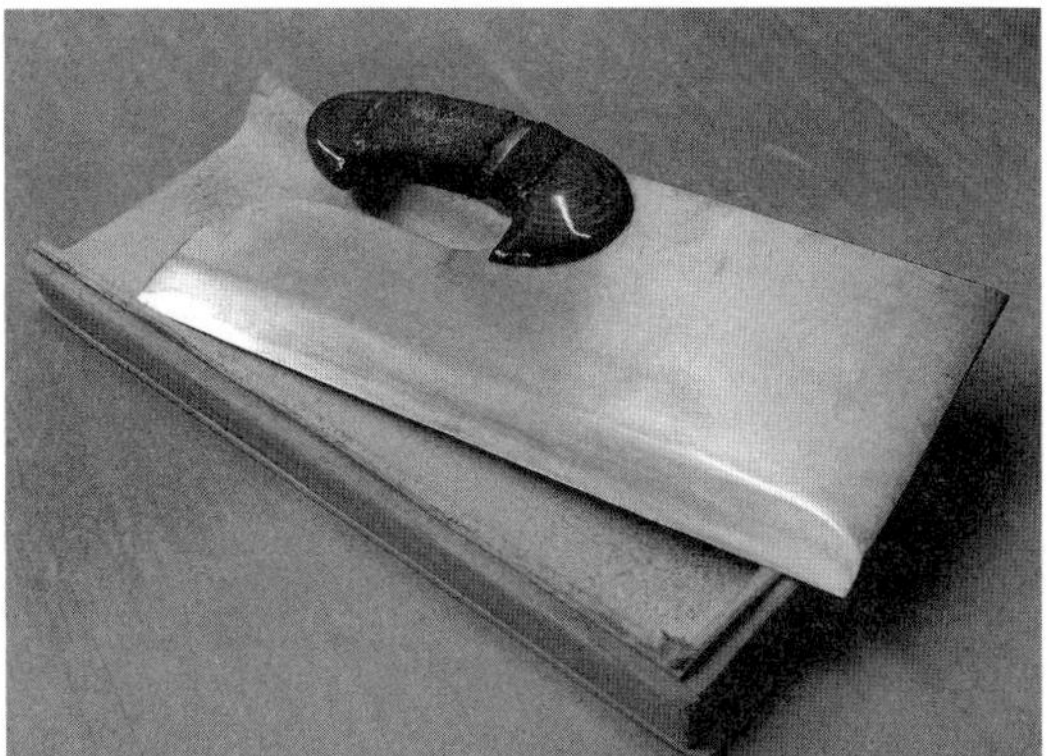

菅野愛用のそば切り包丁。江戸末期からつづく「正本総本店」の流れをくむ包丁職人・吉澤操が打ったもの

都江東区の亀戸で無形文化財に指定されている吉澤操《みさお》が打つ包丁を使っている。長さ三十三・五センチ、刀幅十四センチで、重さが約〇・八キロ。江戸流のそば切り包丁で、さまざまな改良を加えている。

柄のほうを少し下げて重心を手元に近づけ、手首の負担を少なくした。さらに使いやすくするため、工具を使って包丁に自分で穴をあけたり、鮫皮《さめがわ》の滑り止めを付けたりしている。

こうして菅野は包丁の刃をまな板の表面に滑らすようにして、そばを切る反復動作をリズミカルに繰り返し、極細のそばに仕上げていくのである。

大黒屋はそば以外の品書きも充実しているが、片倉師匠が命名した「天ぷらちらし」を酒のつまみに取るのは正解である。

浅草の天ぷら屋に多い、ごま油を使った濃いめの揚げ方と違って、大黒屋では米油でサイマキ(車海老の子)や舞茸、しし唐、ナス、カボチャ、大葉、季節の山菜などに超薄力粉で衣を付けて、百八十度くらいの高温で揚げるのが特徴。野菜から揚げ始めて、油の温度が上がり最後に海老を揚げるのがパリッと仕上げる手順だ。

そしてゆずの皮と大根おろしを散らした濃いめの天つゆにつけていただくが、天つゆはそばのもり汁そのもの。ゆずは徳島県木頭村《きとうそん》産で十一月から十二月にかけて取れた香りのいいものをまとめ買いして冷凍保存し、揚げるたびに必要量を使う。

米油はコレステロールを下げる効果も大きい。体にやさしい油で、これを使う大黒屋の天ぷらを品のいいものに完成させている。

海老にしても当初は水槽で飼って元気のいいものを天ぷらに揚げていたが、海老は共食いを始めるので、今では活けの鮮度のいいものを築地市場で手に入れている。

天ぷらちらしで面白いのは、この中にそばの天ぷらが入っている点だ。といっても、ゆでた麺そのものを油で揚げるわけではない。

菅野夫婦が東京・金町の畑に長野の知り合いの蕎麦店から分けてもらった宿根《しゅっこん》蕎麦を移植し、その葉を大葉（シソの葉）と同様に薄く衣をつけ、百六十度くらいの温度でサッと油で揚げる。さりげない風味と、パリパリと食感が良く、客には好評だ。

宿根は野生種のソバで、地上部が枯れても根は生きていて、翌春また芽吹く。丈が一・五メートルと高く、チベットでは若葉を野菜として食用にしているという。

これら自慢の食材を天ぷらに揚げる鍋まで、菅野は厚さ一・五ミリの赤銅の板を手に入れてきては、木槌でたたいて自ら作るほどの凝りようなのである。

第三章　孤高の文士

そばの聖典ともいわれる『蕎麦通』を著した高岸拓川の墓に花を手向ける菅野

元祖はやぶ忠

時代は遡るが、昭和四（一九二九）年といえば、小津安二郎監督の松竹映画『大学は出たけれど』が封切り公開された年で、不況の波が列島のすみずみまで押し寄せ、「高等遊民」と呼ばれたインテリは飯を食っていくのは大変だった。

この年の東京帝大（東大）卒業生の就職率は三十パーセントで、内務省の推計では全国の有識青年層の失業者数は十万人に達したという。そんな景気の良くない年でも、文士と呼ばれる人種は意外と気楽な生活を享受していたのである。

四月、東京都北区中里の聖学院近くにあった「日月庵・やぶ忠」という手打ちそばの店で、作家の佐藤春夫（一八九二―一九六四年）や仏文学者の豊島与志雄《とよしまよしお》（一八九〇―一九五五年）らが集まって、変わりそばを味わう集いが開かれた。

草切り、磯切り、卵切りの三品を供したのは主人の村瀬忠太郎だ。

安政六（一八五九）年生まれと伝えられ、父親は岐阜・大垣藩出身の武士だったが、そば職人に転身し、赤坂に美濃屋を開いた。

村瀬は大名旗本の屋敷にも出入りし、変わりそばを打つことを得意とし、その秘伝の技を継承したが、江戸の栄華は終わり、機械打ちのそばが登場する時代には腕のふるいようもなかった。

早稲田大学の創始者・大隈重信からもひいきにされた名人にしても、時の流れにはあらがえなかったようだ。

そんな関羽ひげを生やした職人が、この時出した草切りはゆでたヨモギの葉を刻んでそばに練り込んだ一品で、磯切りは浅草海苔の粉末を揉み込み、卵切りは水や湯を使わずに鶏卵の黄身だけでそばを打った。

機械打ちのそばが常識の時代、「二一八」と呼ばれたそば粉とつなぎの小麦粉を八対二の割合で打ったそばを食べるのが当たり前だった文人墨客にとって、変わりそばとの遭遇は新鮮だったに違いない。

村瀬忠太郎（中央）と「日月庵・やぶ忠」の人たち（孫の村瀬栄一氏提供）

佐藤春夫はこの集いの席上、「今新たに蕎麦の真に美味なるを感得した」と激賞したとも伝えられ、昭和六年より「やぶ忠」での月例会へ発展し、小さなそば店にわずか一年間で三百人を超える顧客が付いたという。

この変わりそばの会を実現させたのが、大黒屋店主・菅野成雄が「大ダンナさん」と呼んで慕った一茶庵創始者・片倉康雄のさらに大先生に当たる高岸拓川だった。

東京でも数少ない手打ちそばの店を捜し歩いていた高岸は、村瀬の腕前にほれ込み、書誌研究家で「校正の神様」と呼ばれた神代種亮《こうじろたねすけ》（一八八三―一九三五年）を紹介し、その縁でそばの会が実現したのだった。

その集まりがあった回の様子について、作家の獅子文六《ししぶんろく》（一八九三―一九六九年）が「名月とソバの会」と題した随筆を書いているので、その断片を次に紹介する。

「仲秋名月の夜に、文士なぞが集まって、滝野川のソバ屋で、ソバを食う会というのが、催された。（略）

そのソバ屋は、有名な店であって、主人の長髯《ちょうぜん》の老人が、その晩に限って、自分でソバを打ってくれるという前触れだった。その会の世話人は、校正の神様とかいわれた人で、文壇に顔が広いのだそうだが、私はまだ彼に校正されるほどの文章を、書いていなかった。

ソバ屋は、案外、小さな店であって、探すのに骨が折れたが、通された二階も、会をするというほどの面積ではなかった」

「やがて、鮎の塩焼が運ばれ、酒となった。ソバはなかなか出て来なかった。ずいぶん待たしてから、最初のセイロが、座敷の中央に積まれた。打つのに手間どるのか、その数は多くなかった。

そうなると、誰も手を出すのを、遠慮するのだが、やがて佐藤春夫が立ち上って、中央へ出、二つばかり、自分の席へ持ち帰った。その態度に、傍若無人のところがあり、私は気に食わなかった。それに、ソバをとりに行きながら、洩らした言葉が、面白くなかった。

『年寄りは、腹が空かないだろうから、後でいいや』

というようなことを、幸田（露伴）、上田（万年）の二老人に聞こえよがしに、いったのである。

すると幸田露伴が、

『年寄りだって腹が空くよ』

と、いうようなことをいい返したようだったが、顔はニコニコ笑ってた」

「私は二人を比較して、佐藤春夫の方が不快だった。（略）すると、世話人の校正の神様が、そういうことには気のつく人らしく、やがて、二老人のところへ、セイロを運搬し、ヘンな空気も解消してしまった。

私は最後までソバに手を出す気になれず、やがて、ドッと運ばれた時に、やっと味わって見たが、なかなかうまいソバだった。そして校正の神様に会費を払って、外へ出ると大変美しい月が空にかかってた。仲秋名月というよりも、赤味の多い夏の月の趣きだったが、それでも、記憶に残るほどの良夜だった」


獅子文六はこの時の体験が終生忘れられず、著名になってからも文壇の集まりには積極的には足を運ばなくなったと、昭和四十一年に『心』という雑誌に寄せた一文の末尾を結んでいる。

手打ちのそばが風前の灯という昭和初期に文士の生態をあからさまに描いた点が興味深い作品といえよう。

ところで、この文中に出てくる校正の神様・神代種亮の先生格の人物が高岸拓川で、新聞社で校正係を務めていて、仕事の厳しさには定評があったようだが、その生涯には不明な点も多いのだという。

神代種亮といえば永井荷風の『墨東奇譚』の後書きに紹介されるほどの人物だったことを考えれば、高岸も文士の間で相当影響力のある存在だったことは想像できよう。

この当時、以前にも触れたが、新宿で一茶庵を開いて機械打ちのそばを出していた片倉康雄に「少しは『やぶ忠』を見習ったらどうだ」と一喝したのが、この高岸拓川である。二人が出会った経緯について少し触れよう。

片倉の自伝によると、昭和四年の暮れに浅草観音の裏手にある「萬盛庵《まんせいあん》」で年越しそばの会が開かれた。

この店は、女優・沢村貞子（一九〇八―一九九六年）が書いたエッセイ『私の浅草』の中で、「私が子供のころ、そこに萬盛庵という、大きなそば屋さんがあった。大通りから観音さまへ抜ける路の角にある、船坂塀に添った冠木門《かぶきもん》から、きれいな庭が見えた。

三百坪はたっぷりあると思われる敷地に母屋をとりまいて、いくつかのしゃれた離れが建っていた」

と過去の面影を紹介しているが、ざるそばが看板の店で、毎日多くの客でにぎわっていた、そうだ。

そば好きを自他ともに認める文士名士百五十人が集まる年越しの会に片倉は川柳界の重鎮、近藤飴ン坊に連れられて参加した。

するとこの場にも高岸が出席していて、「皆さん、あのまずいそばを食わせる『一茶庵』です。つるし上げてやってください」と片倉を紹介するので、本人も「私のそばがまずいと折り紙をつけられては。高岸先生に私の先生になっていただくことをここにおいでの皆様に認めていただきたい」と言い返し、この時から二人の師弟関係が始まったのである。


名文家として知られた高岸拓川は、村瀬忠太郎からの聞き書きを基にそばのうんちくをまとめ上げて、昭和五（一九三〇）年に村瀬の名前で四六書院「通叢書」の一冊として『蕎麦通』を刊行した。

その神髄は、そばの機械打ちに対する徹底批判であり、「香気なら風味なら、格段の相違のある手打ちが、だんだんに無くなって、機械打ち全盛になって行くのは、蕎麦を食べる人が、あまりに無関心すぎる結果である」と食べ手の意識にも問題があると警鐘を鳴らした。

片倉康雄やその弟子に当たる大黒屋店主菅野成雄たちが手打ちそばを復活させたことの意味を知るためには、昭和初期に出版された『蕎麦通』の冒頭に書かれた「総説」を読むことが役に立つと思われるので、以下に引用する。


「今の東京の蕎麦は、明治以前の蕎麦に比してひどく蕎麦らしくなくなった。その近因としては、機械打ちとなって以来、未熟の人にも容易に製造し得られ、形骸にのみ偏して真の風味ということには、専門的な注意が徹底的に払われなくなったからだと思われる。そうして製粉事業が製粉家の手に遷った時代から、蕎麦屋はその原料を選択する自由を失い、特殊の産地を限定することが至難となった。

（略）

一方機械の操縦が簡単なので、素人で蕎麦屋を経営する者が殖え、同業者は累年増加して価格の競争をする結果、品位はますます堕落する。年を経るに従って職人の巧者なものは世を辞して後継者に乏しく、見よう見まねの板前ばかりになって、真善真美という旨い蕎麦の味を知らない人のみが従事するのだから、自然世間の嗜好からしりぞけられ、今はほとんど貧乏人が飯の代わりに食らうもののようになって、御客の方でも珍羞《ちんしゅう》としては受け取らず、蕎麦屋の方でもただ腹を脹《ふくら》かす代用食を差し上げる気になって、時に同業の多いことをかこち、いたずらに註文の少ないことを歎《なげ》く有様であるが、それで機械で作《な》し得る以上に、改良とか進歩とかいうことには熱中しないから、まずい蕎麦ばかり作られるのは当然だ。

（略）

淡白な蕎麦の風味に、複雑濃厚な脂肪や蛋白を加えて食欲をそそるためには、自然『たねもの』の方に力瘤《ちからこぶ》を入れるようになる。清素な蕎麦はいよいよ以て堕落の極に陥った。それで蕎麦屋は本業を棚へ上げてしまって、支那蕎麦も売れば、てんどん、親子、鰻丼の飯をも売り、汁粉雑煮の餅まで商うようになった。

（略）

蕎麦屋の蕎麦屋たる面目はどこにあるか、これは深く蕎麦屋さんの自省を待つところであるが、近来蕎麦の需用家にも真の蕎麦を解される方がはなはだ少なくなったかと思われる。蕎麦を復興し蕎麦の真価を発揮することは、一に当業者の奮発にあるはもちろんだが、また一面需用家の鞭韃にも期待せねばなるまい。つくづく往時の発達を懐かしみ、区々《くく》将来の隆興を望むあまりに、需給両者の力を協《あわ》せて現在の蕎麦を救われんことを懇願する」

よく聞く江戸っ子の小話に、「せめて臨終の前にはそばを辛いつゆにどっぷりつけて食いたいもんだ」というのがあるが、作家の池波正太郎は『食卓の情景』の中で「ふざけてはいけない。東京の蕎麦の、たとえば『藪』のつゆへ、どっぷりと蕎麦をつけこんでしまっては、とてもとても、『食べられたものではない』」と断じている。

そばはどうやって、食べるのが一番おいしいのか――。

『蕎麦通』の中に「うまい食い方とまずい食い方」という節があるので、その部分を以下に抜き出す。

「元来蕎麦の味を見るのには、蒸籠に限られている。そして汁をどっぷりとつけては駄目だと言われている。真実の蕎麦通には、ほんの汁をわずかにつけて、啜り込む味がなんとも言われないものとされている。

しかし機械打ちの蕎麦は、汁がしみないで流れてしまうので、どうしても余計につける傾きがあるけれど、手打ちは、汁につけたところだけが、味を含むから、ちょっとつけただけでも、充分に味わわれる。（略）やっぱり蕎麦は、箸にすくい上げたのを、ちょっと汁につけて、するすると啜り込む方が、どう見てもうまそうに思われる。一杯の汁で蒸籠三枚を食べるような上手な人もある」

高岸の『蕎麦通』がそばの古典と呼ばれる所以のような記述だが、機械打ちと手打ちの違いはどこにあるのか――。

哲学者で手打ちそば研究家でもあった石川文康（一九四六―二〇一三年）は『そば往生』（筑摩書房）の中で、次のように説明する。

「デンプンが熱によってデキストリンに変化し、それがそば特有の風味となる。手打の工程においては、人間の手が伝える体温によって、その化学変化がこねて伸す段階ですでに起こっており、風味と甘みがより速やかに発揮されるよう準備されている。その意味で、手打の作業は、すでに茹での作業の第一段階なのである。

また機械による製麺は、そのあらゆる過程で金属面によって圧せられるため、体温の恩恵に与《あずか》らないばかりか、できあがった麺の表面は一様に平坦化され、つゆと馴染みにくい。それに対して、手打の場合は、人間の手と麺棒の運動によって微細な凹凸が表面を覆うため、つゆを自らに吸収し、つゆと同化する度合いがはるかに高いといえる。

そばが金属に触れてよいのはただ一度、鋭い角を残すべく下される包丁との一瞬の出会いにおいてだけである」

そばの聖典

高岸拓川が「日月庵・やぶ忠」の主人村瀬忠太郎のゴーストライターになってまとめた『蕎麦通』は、江戸時代に日新舎友蕎子が著した『蕎麦全書』と並び、そばを知る際の古典的扱いを受けている。

そんな奥深い手打ちそばの世界を知りたいと、片倉康雄はやぶ忠へ百回以上もそばを食べに押しかけ、村瀬から直接教えを受けようとしたが、結局駄目だったという。

それでも、片倉はめげずに独学を続け、ソバの実の白い芯の部分だけを使って打つ「さらしな」の技を習得していく。

そのことに驚いた小説家の本山荻舟《もとやまてきしゅう》が村瀬との間で「さらしなの生一本」の他流試合を設定するが、村瀬はその場に姿を見せず、片倉の不戦勝に終わっている。

村瀬はその四年後の昭和十三（一九三八）年に七十九歳で世を去り、愛知県新城市の前山墓地に眠っている。

老大家は結局、弟子入りを乞う片倉を最後まで寄せ付けなかったようにも思える。

片倉のそば大学の門下生が「師匠からそば打ちの技術は教えてもらえなかった」とこぼすのも、こうした片倉の歩んできた厳しい道と、どこか関係があるのかもしれない。

その分、片倉は高岸拓川に食い込み、やぶ忠の技術をいつか盗み取ろうと考え、マンツーマンの指導を受けた。

細い金縁メガネをかけた、鼻の高い、貴族を思わせる風格の師匠だが、生活は楽ではなかったようで、代筆業で入る収入を糧に借家暮らしを続けていたそうだ。

高岸との最初の出会いの様子を、片倉は著書の中で次のように記している。田舎そばを一箸つまんだ時の一声である。

「バカにするな！　噂を聞いて来たんだが、これほどまずいそばだとは思わなかった。これは、きみ、手打ではないね。ロールで延《の》して、包丁で切ったんだろう。延すのはロールで延してもいい。延しが一定で、なにゆえに切る幅を同じに切らなかった？　まず、この点を第一に指摘できる。…手打に見せるなら、もう少し『やぶ忠』のそばでも見習いなさい。こんなそば、固くて食えるか！　これはいつまでゆでても固いんだぞ」

高岸から罵声を浴びせられ、目を覚まされた片倉は負けず嫌いの根性を発揮して、師匠の懐へ深く入り込んでゆく。

そばを打つ道具に目覚めたのも、菜切り包丁を使っていることを馬鹿にされたからで、それ以降そば切り包丁に関心を持つようになり、自らの理想とする使いやすい包丁を打つまでに至るのである。

「蕎聖」とまで讃えられる片倉康雄にここまで影響を与えた高岸拓川とは一体、どんな人物だったのか――。

記録類は少なく、詳しいことはわからないが、明治元（一八六八）年、愛媛県松山市生まれで、本名は豊太郎。出生地の石手川にちなんで拓川と号した。

日本や中国の古典に通じていて、演劇や文化全般に詳しく、『明治文化版画大鑑』（豊文館書店）などの著作がある。

剣術の達人で浅草の縁結びの神として知られる久米平内《くめのへいない》（一六一六―八三年）の人物像を独自の視点からまとめた『久米平内像異説』を昭和三（一九二八）年に出版している。

久米平内は江戸初期の武士で、多くの人を切ったことから辻斬りとも首切り役人とも伝えられる。平内は過去を反省して、自らが座禅している像を作らせて死の間際にそれを浅草寺境内に埋め、多くの人に踏みつけられることで罪を償おうとした。

この「踏みつけ」が「文付け」に転じ、願文を納めると恋の願いが叶う神様として信仰されるようになり、浅草寺の宝蔵門を入った右手に「久米平内堂」として祭られている。

高岸拓川は食全般にも相当通じていたようで、日本料理・精進料理研究家の林春隆らと昭和七年に『おでんの話』（富可川本店）を刊行している。翌八年には「やぶ忠」の主人村瀬忠太郎が刊行した未知庵編『川柳蕎麦の花』で序文を寄せているが、これはそば川柳の底本となっている。

そばへの思い入れは相当だったようで、『藝術』の昭和四年七月廿五日号に「手打蕎麦あさり」という次のような書き出しの一文を寄稿している。

「私はまだ〳〵東京中に手打蕎麦の残窯が収残されてある事が信じまして、此春も幻のやうな影を追つて、本所中之郷を半日あまりも捜し廻り、今度は昨二十一日の日曜の午前中、業平から柳島までの間を碁盤の目なりに、梅森町、太平町を境に捜索の目を探りながら九十度以上の炎天を犯して手打漁りをやりましたが、到頭何物をも獲ませんでした。亀戸にも未練がありますので天神橋を渡り、亀戸町の一二を隈なく歩いて、是も亦《また》徒労に帰しました」

手打そばを求めて江戸じゅうのそば屋を訪ね歩いたという、執念が伝わってくるような文章である。

高岸は『糧友』昭和八年二月号に「黄昏汁《たそがれじる》　紀元節の思出」という一文を書いているが、次のような内容だ。

「フナやドジョウを入れた鍋に下駄の古鼻緒も入れる闇鍋という胸も悪くなるような料理が若者の間で流行っているが、あらかじめ客人に酒と食材を持ってきてもらい、一切秘密裏に亭主に渡して、鍋にふさわしいものとそうでないものを分けて、それに合った料理にしてみたらどうか、そんな催しを考えてみた。

明治四十五年の二月十一日、紀元節の夕刻に池坊の家元ら七人の文化人が牛込の料亭に食材を持って集まった。しんじょの照り焼きに青梅煮、円月かまぼこ、フナの雀焼き、品川の味付け海苔を肴に酒を呑み、白味噌仕立ての鍋には紅白のつみれとハンペンかまぼこ、バカ貝のむき身、椎茸、銀杏、三つ葉を入れ、これで飯を食うさまは牛飲馬食のごときで、これを「黄昏汁」と呼んだのだという」

同じ『糧友』の昭和十一年一月号には「近世食原抄」というコラムで、鹽瀬《しおせ》饅頭と練羊羹についての考察を開陳しているが、高岸はあまから両面の食の達人だったといえようか。

そんな師匠の下に門下生として入った片倉康雄の日々は、『一茶庵・友蕎子　片倉康雄　手打そばの技術』によると、次のようだった。

それからはほとんど毎朝のように、新宿から滝野川の高岸先生宅まで自転車で通った。一心だから、どんなに寒くても大雨でも出かけた。

「寒かったろう」と、先生は朝食の膳をすすめてくださる。ところが、味噌汁をすすり、ご飯をひとくち食べるか食べないうちに、またもや「バカものめッ!」である。

「他人の家に来て、ものを食ったら、うまいかまずいか挨拶するのが礼儀だ。きみは呑み込んだではないか。だまって食っているやつがいるか、バカものめ。

この米には、いわく因縁があるんだ。おれは貧乏はしているが、米はいい米を食っている。この秋田の米がうまいかまずいかわからないで、なにがそばの勉強だ。そばなんぞ習うより、そういうことから先におぼえろ」

（略）

こんなやりとりを日々繰り返すうち、自分の舌の感覚が鈍くては、本当にうまいそばを他人様にすすめられるわけがない、と観念するにいたった。

片倉康雄が高岸拓川から教わったのは、そばそのものについてより、『本草綱目』や『養生訓』、『本朝食鑑』などの江戸時代の食と健康に関する文献を繰り返し読み、古典的な教養を身につけ

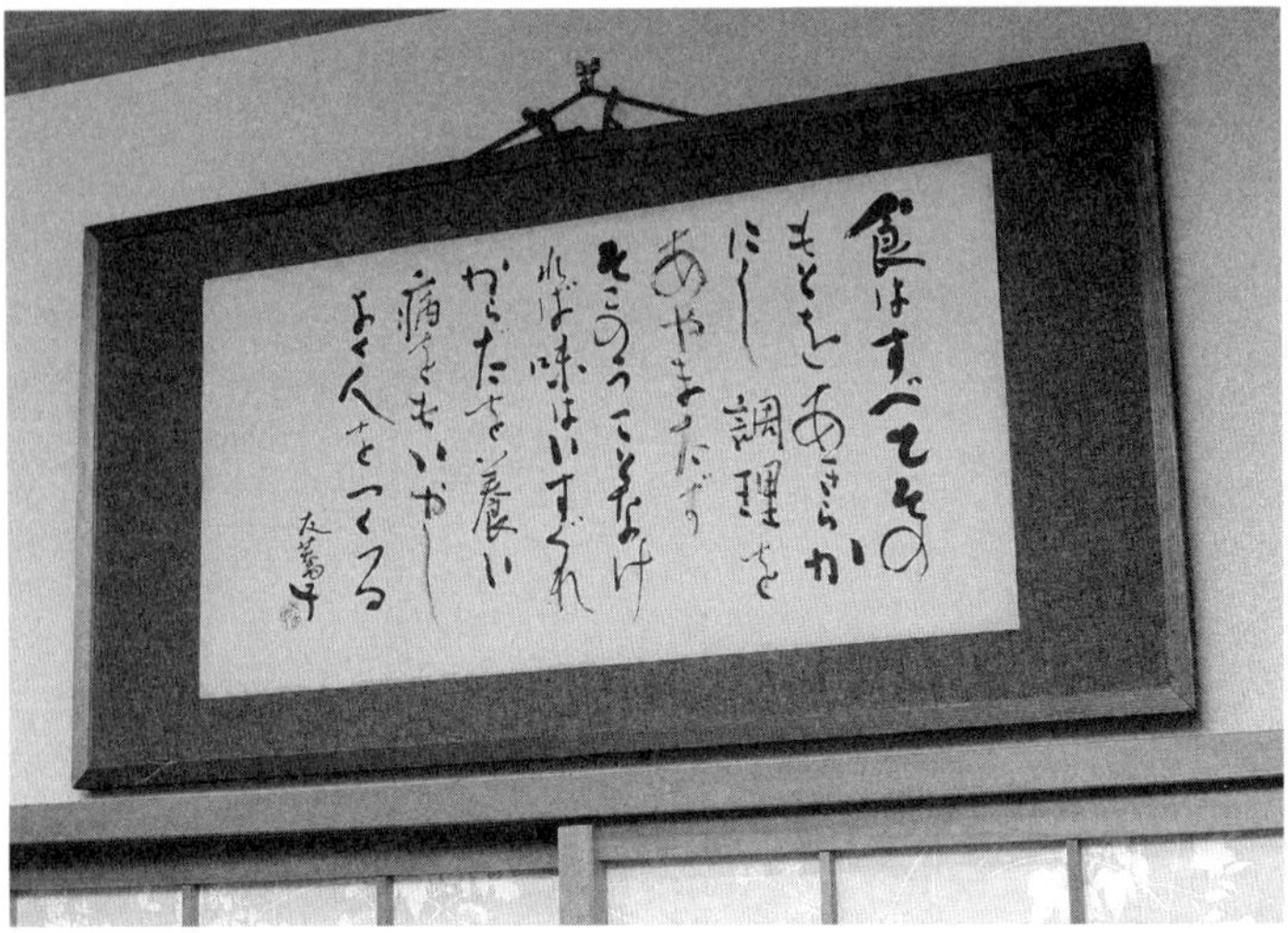

店に掲げられた片倉自筆の言葉

ることだった。

「食はすべてそのもとをあきらかにし、調理をあやまたず、そこのうことなければ、味わいすぐれ、からだを養い、病をもいやし、よく人をつくる」

菅野成雄が大黒屋の客間に額へ入れて飾っている片倉自筆の言葉だが、料理というものは味が良いというだけでは十分ではなく、健康に良いものでなければならないという片倉の思想を凝縮した表現と言えよう。

そうした師匠と片倉が一緒に取り組んだのが、そばとうどんに関する効能や仏界、人間界との因縁などを仏典の用語でまとめた『蘇《そ》番経《ばきょう》優《う》曇経《どんきょう》』の刊行だった。

『粥経』とか『酒経』という文献があるのに、蕎麦や饂飩に関する経典がないのはどうしてですか、と片倉が話題にすると「それを一緒に作ろうじゃないか」ということになったのである。

拓川師匠は文章がある程度まとまってくると、その都度片倉にこれでどうだ、と意見を求めてくる。弟子も、天ぷらの効能などについてはあまり難しく書かないほうが経文としての値打ちがあるのではないですかとか、商売に直接プラスになる必要はないですよ、と感じたままを述べたという。

そして、八年の歳月をかけて昭和十二（一九三七）年に『蘇番経優曇経』を完成させた。

全文が漢字で書かれていてルビが振られているが、簡単に読み下せる内容ではなくて、勉強家である片倉自身完全に通読できなかったことを終生気にかけていたそうだ。

この『蘇番経優曇経』は限定私家版と言う形で三千部刷ったが、表紙は正倉院宝物の古代裂《こだいぎれ》を復元した布地を使って、中も金箔が押してある贅沢な経典になったという。

片倉は親しい関係者に渡し、菅野成雄もこれを師匠からいただき、大黒屋の店内で閲覧できるようにしておいた。

すると、長年の客で仏画家の和田大諷《たいふう》が濃紫の紙に金泥を使ってその一部を「遊び心で筆写してみた」と言って、額に入れてくれたという。

和田は『源氏物語』全編を二年半もかけて書き写し、全三八巻、約百万字の巻物に仕上げたこともある。

「『蘇番経優曇経』はそばやうどんを打つための技術書ではないので、日ごろそんなに目を通すことはないが、オヤジさんの作ったものなので大事にしています」と菅野は語る。

そばルネサンス

ところで、肝心の高岸拓川本人は『蘇番経優曇経』の完成を待たず、その一年前の昭和十一（一九三六）年十月十日、六十九歳で亡くなっている。

片倉がいつものように滝野川の自宅へ向かうと、師匠はすでに息を引き取った後だった。机の上には「屢空菴高岸為谷居士」と戒名で書いた遺書が残っていたという。

「拓川先生の最期については、牛乳瓶二本分の吐血をされていて、口の周りの血をぬぐってきれいにしてさしあげたと、師匠から聞いたことがあります」と菅野成雄が語る。

高岸拓川の墓があるのは足立区江北三丁目の薬王院で、すぐ近くを流れる荒川の土手には明治十九（一八八六）年に七十八種類のサクラが植えられ、江戸の花見スポットとして今でも多くの人が訪れるが、このサクラを植えた江北《こうほく》村（現在の足立区）村長清水謙吾の墓もこの寺の中にある。

菅野は前にも触れた通り、片倉の指示を受けて、高岸の墓参りを続けているのだった。

「私はこの寺へ来て四十年になりますが、先代が文壇の方たちとご縁があって、ここへ拓川さんのお墓を立てることを許可したようです。以前、横浜のほうに親族の方がいるようにも伺いましたが、今では寺を訪ねて来るのは浅草の大黒屋さんだけになってしまいました」と語るのは、現在の住職・小野澤真隆だ。

片倉康雄は平成七（一九九五）年九月に九十一歳で亡くなるが、この年の一月に菅野に電話をかけてきた。

「拓川師匠の墓の戒名を教えよ」というのが用件で菅野は和紙に墨を使って拓本に取ろうとしたが、うまくいかず、小野澤に戒名を書いてもらい、それをファクスで送った。

すると師匠から「自分の墓を足利に小松石で一千万円かけて作った」と打ち明けられた。

晩年、菅野は片倉とやや疎遠になり、「そのうちまた焼山へ伺いますよ」と答えたのが、師匠と交わした最後の音信になってしまったという。

そば打ちの巨匠とその秘蔵の弟子の交流を、江戸ソバリエ認定委員長も務めるエッセイストのほしひかるは「片倉先生の弟子を名乗る人は何人もいるが、菅野さんは別格的な存在です」と言って、次のように続ける。

「片倉師匠はそば職人としては天才的すぎて、誰もついていけなかった。道具にとことんこだわり、石臼でソバを挽くなど師の衣鉢《いはつ》を今も忠実に守っているのは菅野さんだけだと思う。

実際においしいそばも打たれている。拓川先生のお墓にも案内していただいたが、お参りを長年続けられている点も頭が下がります」

菅野本人は「いやいや、ぼくは弟子ではなくて、単なるデッチですから。師匠のことも大ダンナさんと呼んでいました。何か行き詰ったことがあったりすると、お墓を掃除しに行く。きれいにしておかないと拓川先生が無縁仏にされては困ると思うからですよ」と照れるように言う。

日本のそば業界を振り返ると、東京の高名な老舗のそば店でも機械打ちをしているところは少なくない。店に来た客には手打ちを出し、出前は機械打ちと決めている店もある。

ソバ粉と水を木鉢で捏ねるところまでは手作業でしっかり行い、延ばしと切りを機械にまかせれば、下手な手打ちよりよほどうまいそばが出来上がるのだそうだ。

大正二（一九一三）年創業の浅草の名店「並木藪蕎麦」のようにそば粉を打って捏ねたそばの玉を延ばすところまでは手でやって、そこから先の細いめんに切る作業は機械任せにするところもある。

繁盛店であれば、そうでもしないと詰めかける客をさばききれないという事情もあるのかもしれない。

昭和の初期に東京では機械製麺が普及したが、機械打ちはそばのつなぎに小麦粉を多量に入れないと麺がつながらないので、「二八」どころか、小麦粉三分にそば粉七分というのが上等そばで、普通そばは五分五分という状況も続いた。大衆的な店では客に出すそばはゆでおきだから、つなぎの小麦粉が少ないとそばがすぐにちぎれてしまうからだ。

戦時中そば粉は統制物質に指定され、そば屋は自由に営業もできなくなった。仕方なく、そばをゆでる釜を使って蒸し芋を作り糊口《ここう》を凌いだことも。戦後そば粉の流通は復活しても手で打つのは衛生面から好ましくないとして、機械打ちが一般的とされてきた。

江戸以来のそば技術伝承に危機感を覚えた食味評論家の長谷川青峰（一八八四—一九七一年）が東京・池之端の「蓮玉庵《れんぎょくあん》」五代目主人、澤島健太郎に手打ちそばを復活させることができないだろうかと相談を持ち掛けたことがある。

昭和三十年ごろのことで、腕のいい手打ちの職人を店で使っていた澤島は錦町「更科」の主人堀井亀雄と「蕎風会《きようふうかい》」という手打ちそばの講習会を「かんだやぶそば」で始めた。

後にこの集まりには多くのそば店主の他、著名な料理屋主人、文化人も参加するようになり、「蕎話会《きようわかい》」に拡大発展した。

この場でそば打ちの技術を学んだ「神田まつや」の五代目主人小高登志《こだかとし》が昭和三十八年に機械製麺を全部手打ちに切り替えた。

続いてその八年後に荻窪「本むら庵」の小張信男は石臼で自ら挽いたそば粉を使って手打ちそばを始める。

野趣に富んだ手打ちそばは評判を呼び、「一茶庵」創業者の片倉康雄が「日本そば大学講座」を開いたこともあって、一九八〇年から九〇年代にかけて一つの流れができてきた。

手打ちと機械打ちのどちらがおいしいそばができるかは、使う玄ソバの質、打ち手の経験などにより違いも出てくるので、そう簡単に結論付けることではないのかもしれない。

それでも、新しく参入してくるそば店の中には、自家栽培の玄ソバを自ら石臼で挽き、生粉（十割）の手打ちにして客に供する店も少なくない。

その大きな流れを作ったのが、「やぶ忠」の村瀬忠太郎から「一茶庵」の片倉康雄、そしてその弟子である「大黒屋」の菅野成雄たち。「蓮玉庵」や「まつや」、「本むら庵」といった江戸そばの伝統を残そうと努めてきた店の取り組みも忘れてはならないだろう。

明治以降普及した機械打ちに対し、そば本来の手打ちへの復帰。こうした動きをニューウェーブととらえ、「そばルネサンス」と呼ぶこともある。
そのカギを握っているのが、孤高の文人・高岸拓川だったわけだ。
次章からは菅野のこれまでのそば職人としての苦闘ぶりを描いていく。

第四章　ソバを育む風土

ソバの花

江戸川の畑

東京都の東端、葛飾区金町の柴又《しばまた》といえば、渥美清主演の松竹映画『男はつらいよ』の舞台として知られる。

寅さんが倍賞千恵子演じる妹のさくらたちと繰り広げる人情劇が、山田洋次監督によって全四十八作もつくられ、国民的人気を博した。

同じ金町には三十年前に日本一まずい水道水とレッテルを張られながらも、高度浄化処理を進めた結果、厚生労働省の「近代水道百選」に輝いた金町浄水場もある。

そんな地域を流れる江戸川の土手から少し下りたところに、農業好きの大黒屋店主・菅野成雄と妻雅江が通う畑がある。

店は現在、日曜と月曜を定休日にしているため、この時を使っておろしそばに使う辛味大根を栽培したり、そば粉を湯で練ったそばがきに使う韃靼ソバを育てたりしている。

土地の広さは三百坪あるため、鴨すきうどん鍋に使う手打ちうどん用の小麦もここで栽培している。

韃靼ソバは、モンゴル系のタタール部族が主食としていて、中国ではタタールをダッタンと呼ぶのでこの名がついたそうだ。動脈硬化を防ぐルチンと黄色色素や苦味成分の含有量が高いことが特徴で、ニガソバとも呼ばれるが、独特の旨味があって健康食品としても注目されている。

　普通のソバと比べて韃靼は実の大きさが三分の一と小さく、また固いため、石臼で挽くのも大変だという。

「そばの持ち味が一番よくわかるし、ゆでてしまうとルチンなどの栄養素が流れ出すので、韃靼はそばがきにして食べるのが一番のお薦め」

そばがき。取っ手のついた小鍋で供される

　菅野がこう言うそばがきの作り方は、専用の陶器に八十グラムほどのそば粉とほぼ同量の水を入れてガスの火にかける。二、三分棒を使ってそばを激しくかき回し、途中から細火にして焦げつかないように練り上げる。

　醤油に酒とカツオ節を入れて煮立てて作る土佐醤油か、国産大豆を煎って作ったきな粉に付けていただくが、きな粉には砂糖と隠し味として塩を少し加えてある。

　土佐醤油で思い出すのは、かつて高知市帯屋町にあったホルモン居酒屋「とんちゃん」で出していたどろがゆである。

　高知の野趣あふれるそば粉を鍋に入れて出し汁を注ぎ、煮立たせておかゆ状にする。ヨモギの葉と山芋を薄く切ったものを添える名物料理だったのだが、これもそばがきの食べ方なのである。

そばがきは庶民ばかりが食べていたのではない。

江戸初期の笑話集『きのふはけふの物語』に「有夜、秀吉公、夜食に蕎麦掻を御このみなされ、御相伴衆《ごしやうばんしゆう》へも下されける。折ふし…」と記述があるように太閤、豊臣秀吉もお気に入りだったのだ。

「そば粉の掻き具合で味も変わる」というそばがきは、酒の肴としても欠かせないという客もいるほどだ。

江戸風俗研究家の杉浦日向子《すぎうらひなこ》とそば愛好家の仲間が平成十一（一九九九）年に出した『ソバ屋で憩う』の中で、大黒屋のそばがきを食べた感想を次のように書いている。

「何をおいてもまずお薦めはそばがきです。ふんわりと仕上がった熱々を一箸含むと、甘みを内に秘めた極上の味覚がおもわずうならせる。気品と風格をたたえた逸品は一六〇〇円（当時）だが、二人で食すのに十分なボリュウム。つけ汁ときな粉が付いてくるので一品で二度楽しめる」

ところで、そばがきはそば切りが広まるまで、そばの食べ方の原点ともいえ、餅状になったものを湯に浮かべて食べたりしていたが、九州山地のほぼ中央に位置する宮崎県椎葉村《しいばそん》の民宿「焼畑」では焼き畑で育てたそば粉を練ったものを味噌汁に入れたワクド汁という郷土料理を出す。

その形状がわくど（カエル）に似ていることから、名付けられたもので、大正十三（一九二四）年生まれの椎葉クニ子がその由来などについて宿泊客に昔の笑い話も交え、あれこれ伝えてくれる。

椎葉の焼き畑は、山に火を入れてから一年目はソバ、二年目にヒエとアワ、三年目に小豆、四年目に大豆を育ててから四半世紀の間、山を休ませて雑木林に戻してから、再び山を焼くという悠久の農法である。

その歴史的価値が認められて、平成二十七（二〇一五）年十二月に国連食糧農業機関（ＦＡＯ）によって世界農業遺産に登録されている。

そばがきに話題を戻すが、その韃靼ソバの出来具合がこの年の秋はよくなかった。十一月初めに青い実の状態で刈り入れし、二週間ほど天日干しにして収穫した量は約二キロ。十年前に栽培を始めたころの十分の一の量しか取れなかったという。

雨が多く、天候が良くなかったのが影響しているが、菅野が気にしているのは自然界の異変だ。

「韃靼ソバは自家受粉する植物なので、ミツバチに頼らなくても自分で雌雄の二役を果たし、実を結ぶことができる。ところが、金町では普通のソバを栽培している土地もあるので、そこからハチが花粉を持って飛んできてうちの韃靼に受精させてしまう。その結果、韃靼の一部が普通のソバのようになって、苦みが薄くなってしまうこともあるのです。

韃靼ソバはブームも去ったので、ここでも普通のソバ、それも改良品種ではなくて、長野あたりの在来品種を育ててみようかと考えています」

菅野は韃靼ソバを収穫した後は手打ちうどん用の小麦の種を蒔くが、都会で農業を営むというろいろな苦労があるようだ。

金町の畑は民家に隣接しているため、肥料に鶏糞を使うと周囲に悪臭が漂って苦情が出る。そのため、卵の殻を焼いて作ったカルシウムや米ぬかなどを畑に埋めている。

水はけをよくするため、麦わらを砕いたものを地中に入れて土壌を改良したり、電線に並ぶスズメから作物を守るため、ネットをかぶせたりするのは日常作業だ。

菅野が農業を始めたのは茨城の金砂郷や長野の須坂で自らソバを栽培する五十歳も近くなってからのことだが、妻の雅江は川崎の実家が自転車屋の傍ら、農地で野菜や果物も作っていたので、子供のころから土いじりにはなじんできた。

夫婦が若いころは、深夜まで店を開けていて、それから少し仮眠を取り、茨城や長野の遠隔地へソバを育てるため車を飛ばし、その日のうちに浅草へ戻ったものだという。

まだ高速道路も十分に整備されてない時代に一般道を七年間で十七万キロも走り、車を買い替えたこともあったというから驚きだ。

しかし、二人がそろって七十路に近づくころからは、遠隔地でのソバ栽培はやめて近隣金町の畑での農作業に専念するようになっていく。

菅野成雄が約四十年前に大黒屋を開業したころは、そば粉は一茶庵の師匠・片倉康雄から譲ってもらっていたので、ソバの産地や種類など具体的なことは何もわからなかった。

それから、製粉業者の挽くそば粉を使うようになっても袋に産地名などは表示されてなかったし、ソバの香りがあまりしないなど品質に納得がいかないことがあっても、業者からは「どこのそば屋さんでも同じものを使われていますよ」と言い返される始末だった。

そうするうちに外国産ソバを国内産と称して使ったり、トウモロコシで作ったデンプンを加えたり、ソバの実ではなくてソバ殻と小麦粉を一緒に挽いたものまでそば粉の名で売っていることがあると製粉業界の実情も耳に入ってきた。

「公正取引法」でも、そばと名のつく商品はそば粉を三十パーセント以上含むことが条件というゆるい基準なので、そば粉もどきが横行するのも当然の現象だった。

大黒屋で客に出す品書きはすべて菅野の妻雅江がチェックするが、製粉業者が納めてきたソバを鴨南蛮のような温かい種物にして雅江が口に運ぼうとすると、麺《めん》がボロボロと切れてしまうこともあった。

市販のそば粉は一体、どこに問題があるのか——。高校卒業後、光学機械を扱う杉浦研究所で働いた経験もあった菅野は、ソバの実を顕微鏡で観察して分子構造まで調べて、質のいいソバを手に入れるためのヒントを探ろうとしたが、うまくいかなかった。

片倉の教えに「食はすべてそのもとをあきらかにし、……」という名言があるが、それに従えば、「ソバの産地を知り、その性格を押さえよ。その上で、そばの味をうまく引き出すためにも、ソバの栽培から石臼を使った製粉に至るまで、全過程に自らが携わるべきだ」という結論に至った。

菅野が師匠の手から飛躍しようとしたのが、平成三（一九九一）年に茨城県北部の山間地にある金砂郷村（現・常陸太田市）で育つソバに眼を付けた時だったのである。

金砂郷の山中

金砂郷は水戸市より北にあり、水戸と郡山を結ぶＪＲ水郡《すいぐん》線の上菅谷《かみすがや》駅から出る支線の終着駅・常陸太田《ひたちおおた》で下りてさらに奥へ入る。水郡線は日本有数の鮎の釣り場として知られる久慈川《くじがわ》に寄り添う形で走るが、菅野夫婦は浅草を早朝に車で出発して三時間ほどかけて現地へ通っていた。小石混じりの砂礫《されき》土質の金砂郷は江戸時代から葉タバコの栽培が盛んで、水戸藩はタバコの裏作としてソバの栽培を奨励していた。タバコに与えた肥料が残り、ソバ栽培に適した土壌になるようだ。

水戸藩主、徳川光圀《とくがわみつくに》といえば大変な麺好きで、日本で一番最初にラーメンを食べた人物として知られるが、水戸藩のそばは光圀公の指示で信州から水戸の川根《かわね》村へ種を移入したのが始まりと伝えられている。その光圀が江戸から帰藩した際に住んだ西山の山荘から、わずか数キロのところに位置するのが金砂郷村だ。

そんないわれのある金砂郷村は山あいに広がるため、昼と夜の気温差が大きく、霧も立ち込める。ソバ畑の多くは山の斜面にあって、機械も使いづらいので、刈り取りもすべて手作業で行うことが多く、束ねたソバを互いに木の棒に立てかける「島立て」でも、昔ながらの天日《てんぴ》干しをしていた。

この在来種のソバ「金砂郷在来」を多収穫用に品種改良して生まれたのが、「常陸秋そば」で、茨城県は昭和六十（一九八五）年に奨励品種に選定した。茨城のソバの収穫量は北海道に次ぎ全国第二位で、長野、山形、福島がその後に続く。

毎年八月中旬にソバの種を撒き、九月中ごろになると山すその一面に白い小さな花が咲き、ミツバチやトンボが畑を飛び交ってソバの受粉に活躍している。

金砂郷は照葉樹や広葉樹が多く、昆虫にとっても生息しやすい環境になっていて、養蜂家が畑の脇に巣箱を置いて蜂蜜を集めるのもこの時期だ。

収穫期を迎えた黄金色の田んぼのあぜ道には真っ赤なヒガンバナが群生し、青く澄んだ空を見上げると、秋の到来を感じる。

一か月後には実が熟して、刈り入れが行われ、十一月に入って新ソバとして出回るようになる。

常陸秋そばは、在来種と比べ見た目は丸く粒が重いことと、製粉した際の歩留まりが高いのが特徴で、ソバの香りも良く、風味と甘味があり、「玄ソバの最高峰」とまで呼ばれた。

このソバの存在にそば職人として早い時期に注目したのが、一茶庵のそば大学修了生で東京のそば店「翁」を経営していた高橋邦弘で、金砂郷の農家を訪ねる様子が昭和六十三（一九八八）年にテレビで放映され、話題になった。

高橋はその後、良質の玄ソバと良い水を求めて山梨県の八ヶ岳山麓、それから広島県北広島町へ移動し、「達磨　雪花山房」という店を営み、二〇一六年に大分県杵築市へ移り住んだ。

かつて金砂郷で開かれた講演会で「そば粉には打っていて気持ちのよい粉と打ち甲斐がないと

思わせる粉があるが、常陸秋そばには力があって、打ち甲斐のあるそば粉といえるでしょう」と話していたという。

金砂郷村は、昭和三十年に金郷、金砂、久米、郡戸の四村が合併してできたが、金砂山（四百二十メートル）の山中から砂金が流出したという故事からこう名付けられた。

菅野成雄は金砂郷のうちでも、特に品質のいいソバが育つ赤土《あかつち》地区へ通うようになった。村長の成井光一郎や農協組合長の矢部光とも親しくなり、平成三（一九九一）年から常陸秋そばを大黒屋でも使うようになった。

店内を大幅に改装し、石臼を置くことができるようになり、念願の自家製粉に踏み切ったからだ。そのことを知った師匠の片倉康雄は「自分で製粉まで手掛けるようになったか。そんなことは当然のこと」と言ってほめはしなかったが、満足そうな表情だったという。

最初に手に入れた玄ソバをそのまま農協の製粉機で挽いたところ灰色で、そばがきにするとおいしいとは思ったが、土っぽい感じだった。

そこで、皮むき、石抜きなどをきちっと処理して、石臼で挽いたものをそばに打ち、店で出したところ、客の評判は上々だったという。

自然相手のソバ栽培は、台風や大雨に見舞われると不作の年もあるので、菅野はソバを地元農家の言い値より高めの値段で買い取り、信頼を得ていった。

そして、平成七（一九九五）年から三年間、村役場が間に入り無償で休耕地を貸してもらい、自らソバの栽培に汗を流した。

その時、菅野夫妻が親しく交流したのが赤土地区で区長をしていた関廣一、ゆき子夫妻やソバの採種農家海老根浜夫、ひや子夫妻たちだった。

平成二十七（二〇一五）年の九月二十一日。敬老の日に当たるこの日、菅野成雄、雅江の夫婦が久しぶりに金砂郷を訪れるというので、関廣一の自宅にかつての知人たちが集まった。海老根浜夫はすでに亡くなっていたが、ひや子と関は同じ昭和二年生まれ。この時、八十八歳と高齢だったが、元気そのもので、ゆき子が作った赤飯や煮しめなどの料理を皆にふるまって、昔話に花を咲かせていた。

関は大豆や辛味大根などいろいろな作物を育ててきているが、常陸秋そばについて「粉に挽いた場合、歩留まりがよく、食味もすぐれている。茨城県内で現在栽培されているソバはほとんどがこの種類。粘土質の赤っぽい土が分布しているから赤土地区と呼ばれるこの地で、このソバの元々の種がつくられたのです」と話す。

海老根はソバづくり半世紀以上のベテランで、和牛を飼育してできたたい肥を畑に入れて質のいいソバを育てることで定評があった。

菅野はその海老根の畑の近くに土地を借り、ソバを栽培したのだった。その畑は赤土地区でも山の上のほうにあって、わき水でできた池があり、クレソンも自生する環境のよい所だった。

「山の中で、何だか寒い印象だった。でもわき水がおいしく、菅野さんは作業の合間に裸になって汗を流していた。竹がたくさん生えているところだった」と語るのは、農作業の手伝いに行っていた大黒屋ファンの山縣基与志《やまがたきよし》だ。

ソバ畑の上ではコンニャクイモも栽培して、菅野たちは自家製のコンニャクを作ったが、出来立てに醤油をつけて食べる刺身コンニャクは特にうまかったという。


そんな畑も今ではススキやクズ、ツユクサなどの雑草が生い茂った草原に姿を変え、竹林の前には養蜂家の巣箱が置かれ、ミツバチやアブがブンブンと羽音をたてていた。

「ここで初めておそばを育てた時、皆さんに手伝ってもらって五俵分が収穫できたの。『雑草が生えてきたから、そろそろ取りに来なさいよ』と電話で教えてもらったりして、うれしかった。朝早く東京を出ても、少しも苦にならなかった」と菅野成雄の妻の雅江は当時を振り返る。

金砂郷ではそばといえば、ゆでて時間がたってから食べるのが一般的で、けんちん汁につけて食べたりした。ニンジン、ゴボウ、イモ、ネギなど七種類の野菜を菜種油で炒めて出し汁を加え、味噌と醤油で味を調えるけんちん汁は関東の農村の冬場のごちそうだ。地元では「つけけんちん」と呼ばれ、親しまれているが、貧しい家ではゆでた大根をそばのように細く切って食べたという。

菅野夫妻は、ソバを栽培するため休耕地を貸してもらったお礼に、体験施設「そば工房」で地元の女性たちに江戸風のそばの打ち方やつゆの作り方を教えた。

「ここらじゃそば粉四割、小麦粉六割でそばを打っていたけれど、大黒屋さんにそれぞれ七割、三割の打ち方を教わった。最後には十割のそばまで。打ち立て、ゆでたての、喉ごしがいいおそばの存在を生まれて初めて知った。そばが本当においしいと思ったのはそれからよ」と「そば工房」で初代の施設長を務めた海老根ひや子は回想する。

ひや子も地元ではそば打ち名人として知られ、「このあたりでは昔お米が取れないときは、おそばを主食に食べました。そばを打てないとお嫁に行けないので、子供のころからそば打ちの技術は見よう見まねで身に付いた」と話す。

長男はソバを育てながら、和牛の飼育をし、次男がひや子の影響を受けて、常陸太田市内で「赤土」という名前のそば店を開いている。故郷の大事な食文化を後世に伝えたい、という気持ちがあるからだという。


菅野夫婦にとって金砂郷の思い出は尽きないが、平成十五（二〇〇三）年三月に行われた磯出大祭礼も一生忘れることができないだろう。

これは五穀成就や天下泰平を祈って、東西金砂神社の大神輿が金砂郷から日立市の海辺まで往復七十五キロを練り歩いた。七十二年にただ一回行われるだけという古式ゆかしい歴史絵巻で、「地元の若い人の姿が特に目立った。自分の生涯で参加できるのは多分一度だけと思うからなのでしょう」

と菅野は感想を語っていた。

そんな思い入れの強い土地で、菅野は金砂郷産のソバを平成二十五（二〇一三）年まで使い続け、それから他の品種に切り換えていく。

「色づいたソバの実を手で刈って、お日さまに当てて乾燥させ、脱穀《だっこく》するのが一番いい。だけれど、村も労力不足でコンバインで刈り、農協の施設で火力乾燥させるようになった。

かつてのようにソバの香りはあまりたたないし、味も違ってくる。以前のように品質の良いものが手に入らなくなったので、残念だけれど産地を変えざるを得なくなった」と菅野はその理由を説明する。

千曲川の畔

菅野成雄が金砂郷より前にソバの自家栽培を始めたところが、長野県須坂市を流れる千曲川の東岸に当たる河川敷だ。平成四（一九九二）年六月に初めて現地へ足を運んだ。

妻雅江の妹孝子の夫で、農業を営む土屋保の実家が近くにあった関係で、一反歩《いったんぶ》以上の土地を貸してもらった。台風などが来て、川が氾濫して鉄砲水が出た時は土壌を豊かにするので、畑に足を踏み入れると土はふかふかの状態だった。

須坂市は長野県北部の長野盆地にあり、人口約五万人。千曲川の舟運《しゅううん》が盛んだった江戸時代には須坂藩の陣屋があり、明治から昭和初期にかけては製糸業で栄え、当時を偲ばせる蔵や商家が今も残る。観光客がたくさん集まる小布施《おぶせ》はすぐ隣りの町だ。

このあたりは全国的に見ても雨の少ない地域で、開花期に降雨を嫌う果樹栽培に向いていて、収穫期に雨が少ないことで果実の着色をよくするなどの利点もある。

周囲ではリンゴやモモ、クリ、アンズ、ブドウなどの果樹が栽培され、遠くに黒姫山《くろひめやま》や飯綱山《いいづなやま》を望みながら夫婦で汗を流す農作業は爽快だったという。

春は四月のサクラの花が終わるころに土起こしに出かける。農地が金砂郷に比べ広いので、トラクターで土を耕す。

夏はかなり暑くなるが、八月初めに金砂郷産の常陸秋そばの種を蒔く。畑に百メートル程の線を何本も引いてそれに沿って作業を進める。

お盆のころに芽を出したソバを強風から守るための土寄せをして、茶色く実ったソバを収穫するのは十月の終わりころ。刈り取ったソバを木の棚にかけて二週間くらい天日干しにして、ソバの実をたたいて脱穀作業は終わる。

「そば店をやっていると、原料の調達は農家任せになるが、自分で種を蒔き、雑草も取り、土と戯れているといろいろなことが見えてくる。良いものを作るためには、人任せにはできないことがよくわかりました」

こう語る菅野は平成十九（二〇〇七）年まで十五年間、須坂でソバを育てたが、この間千曲川が氾濫して畑に水が流れ込んだことが二回あった。

そうした影響で河川敷の土地はよく肥えていて、金砂郷村ではソバ畑に肥料を入れて栄養分を補ったこともあったが、須坂ではそうすることもなかった。土壌自体に生命力があるので、刈り残したソバから種が自然に地面に落ち、翌年ソバが自生することもよくあったという。

菅野夫婦は年に十回くらいのペースで須坂の現地へ足を運んだというが、その作業によく同行したのが、金砂郷のソバ畑へも顔を出していた山縣基与志だ。

昭和三十七（一九六二）年生まれの民俗研究家で、江戸文化への造詣が深く、大黒屋に長年通ってきた。『日本人は蕎麦のことを何も知らない。』（学習研究社）の著書もあるほどのそば好きだ。種まきや刈り入れなど人手が必要な時には友人や知人に声をかけ、助っ人隊をつくって須坂へ駆けつける。

そのきっかけというのが、山縣が友人と数人で大黒屋へ初めてやってきた時のこと。宴がピークに達していた午後十一時ごろ、菅野夫婦がクワなどの農機具を車に運び込むところを見て、「何をするんですか」と声を掛けたところ、「長野のソバ畑へ行く。十二時には出発するので、もう店を締めますよ」と聞き、「それは面白そうだ。今度ぜひ連れて行ってください」という運びになったのだという。

「楽しかったですよ。農作業の傍ら、畑のすみでバーベキューをやったり、夏はアイスボックスの氷で冷やしたビールを飲みながら炎天下での作業もしたりした。

おカミさんが作ってくれたインゲンやナスが入った野良うどんもうまかった。帰りには市営の温泉で汗を流して帰るのも楽しみだった」と山縣は振り返る。

当時須坂に入るためには、浅草の店を閉じてから午前零時ごろに車で出発し、高速を渋川で下りて長野原を経て途中の北軽井沢で仮眠を取りながら、一般道を通って片道七時間もかけて通った。

平成十（一九九八）年の長野五輪開催で上信越自動車道が開通し、現在なら三時間の距離だが、一日の農作業を終えると浅草には午前一時ごろ帰り着く。それから数時間睡眠を取って、菅野は築地市場へ買い出しに出かけたというから、まさに超人的な重労働だったのである。

菅野成雄と雅江の夫婦は須坂市には通算で十五年間も通い、このうち初期の三年間は茨城の金砂郷にも足を運んでいたというから、ソバの自家栽培に懸ける情熱には相当なものがあったといえよう。

「東京からこんな遠くまで通い詰め、ソバを育てるというのは大変なことだよ。最初は一、二年もやれば音を上げるとみていた。それが本当によくやってきた。大黒屋のそばがうまいのも当然だと思う」と土屋保は夫婦の姿勢をほめたたえる。

「だって土いじりが楽しかったんですもの。人間はやはり外へ出て、お日様を浴びる生活をすることが大事だと思いました」と雅江は当時を振り返る。

夫婦はその後、茨城県牛久市で三年間、韃靼ソバを栽培してから、先にも触れたように東京・葛飾の金町の農地に移って韃靼ソバなどを育てている。

それが現在でも毎年十月の初めになると決まったように須坂を訪れるのは、千曲川の河川敷に自生するクルミの実を拾う目的があるからだ。

大黒屋が酒の肴に出すそば味噌には不思議な食感があるが、その理由はオニグルミの実を刻んで入れているためである。

そば味噌。口に入れると、あぶったクルミの香ばしさが広がる

菅野が若いころ修業した一茶庵の西神田店では、そば味噌はそばの実を油で揚げてから味噌に入れ、これをしゃもじに張り付けてガスの遠火であぶったものを客に出していた。

今全国の多くのそば店で焼き味噌を出すのも、元をただせば片倉康雄のアイデアによるものだったのだという。

「師匠から春には味噌にフキノトウを入れて、春の味を出すようにと教わったが、くせがある。お客さんの好き嫌いもあるので、それはやらなかった。油で揚げたソバの実はどうしても劣化するので、自分はソバの殻を取った実を雪平でカラッと煎ってから焼き味噌に使ったのです」

大黒屋の焼き味噌は西京味噌（白味噌）に削り節、ネギ、それにソバの実とクルミを刻んだものを混ぜてから木のしゃもじに張り付けてガスの遠火で二、三分、軽く焦げ目がつくくらいにあぶって出すのだという。

常連客はこのそば味噌をつまみに、日本酒をチビリチビリと呑みながら、自慢の鴨肉と野菜の鍋や天ぷらが登場するのを待つのである。

一茶の故郷

「そばどころ　と人はいふ也　赤とんぼ」
「そば時や　月のしなのの　善光寺」
「われと来て　遊べや親の　ないすずめ」

江戸の俳人・小林一茶（一七六三―一八二八年）の生まれ故郷で、終焉の地でもある長野県北部の北国街道・柏原《かしわばら》の宿（現・信濃町）を詠んだ句である。

ソバの白い花が咲き乱れる畑の上を赤とんぼがのんびりと飛び交う情景が目に浮かぶようだ。親子の情愛が薄かった自身の境遇を振り返った句にも胸を打たれる。

一茶は十五歳の春、江戸へ奉公に出され、二十歳を過ぎたころから俳句を作るようになり、全国各地を旅し、六十五歳で生涯を終えるまでに二万もの句を残したと伝えられる。

大黒屋店主・菅野成雄と雅江の夫婦が須坂へソバを育てに行った帰りには、黒姫山（標高二〇五三メートル）を目の前に望む柏原へ立ち寄ることが多かった。

長野市から車で一時間北上し、新潟県の妙高高原に隣接する信濃町は、北信五岳《ほくしんごがく》と呼ばれる斑尾山や飯綱山に囲まれた人口約九千の町。戸隠山《とがくしやま》を水源とする鳥居川が流れ、清らかな野尻湖もあり、農産物の生産も盛んだ。

ソバは一日のうち寒暖差が大きいほど旨味が強くなるが、黒姫山麓は日中気温が上がっても朝晩は霧が生じるほど冷涼な気候であるため、このあたりで獲れたソバは「霧下《きりした》そば」として食通の間で有名だ。香りと味が豊かで、粘りのある食感が特徴という。

そんな柏原には、上杉謙信と武田信玄が闘った川中島の合戦（一五五三―六四年）以来続く伝統産業があった。

戦国時代に、武具や刀剣類を修理するため柏原へ移住してきた鍛冶職人に村人がその技術を習い、農耕や山林の用具作りに生かしてきた。その技法は改良に改良を重ね、師から弟子へ、子から孫へと伝承され、打ち刃物を作る職人の里を形成していったのである。

菅野は大黒屋を開店した当初は一茶庵のそば切り包丁を使っていて途中から市販のものに切り替えたが、重くて使いにくかった。そこで、向島の木地師・森下雑廣に包丁の木型をつくってもらい、それを持って柏原を訪れ知り合ったのが、駒村栄と恵美子の夫婦だった。

駒村は大正十三（一九二四）年生まれの伝統工芸師で、切れ味が良く、強靭さが特徴の包丁や鎌などを作ることで定評があった。恵美子は自宅近くの畑で、改良品種のソバである信濃一号を育てていた。

菅野は須坂でソバを栽培しているとはいっても、店で打つソバ全体の一割くらいの量で、残りの九割は金砂郷と恵美子が作ったソバをそれぞれ同じくらいの量使っていた。

「大黒屋さんに出していたソバは八月初めに種を蒔き、十月半ばには刈り入れる。ソバが育てば畑には雑草も生えないし、楽なもんでした」

恵美子がこう言って栽培するソバは金砂郷のそれより上品な味がするのが特徴で、これら三種類のソバの実を調合して、石臼で挽いた粉を菅野がそばに打って大黒屋自慢のせいろが出来上がるのだった。

「ウチのジッチャンは百姓の仕事が嫌いで、生粋の鍛冶屋。菅野さんとはすごくウマが合ったみたい」と恵美子が語る駒村は二〇〇五（平成十七）年に八十一歳で亡くなったが、手先が器用で菅野特注のそば切り包丁を五本打ったほか、専用の石臼を二台製造した。

故障したトラクターの部品まで作ってくれたほどだから、物づくりにこだわりを見せる菅野とは話が合ったわけだ。

菅野夫妻は平成二十七（二〇一五）年秋、久しぶりに駒村の自宅を訪れ、仏壇に線香を上げて、恵美子とよもやま話に興じた。

「駒村さんは可愛い孫のため、自宅の回りの道路に模型の機関車を走らせようとして、その部品までつくっていたのには驚かされた。いろいろと勉強しなければと、上京された時に一緒に鉄道博物館に見学に行ったこともあるのです」と菅野はなつかしい思い出を語る。

妻の雅江は「奥さんには晩ごはんをよくごちそうになりました。煮物やおかずがとてもおいしかったし、キャベツや白菜などをお土産に頂いた。お店で使う天然のわき水までわけてもらったのです」と振り返る。

柏原の町中にはきれいな野草の花が咲き、秋になると茎の先に赤紫色の穂を付けるワレモコウが生えているので、菅野夫婦はこれらを摘んで帰り、大黒屋の玄関に活けて季節感を出したこともあったという。

高円宮の隠れ家

「正直に言って、こっちのほうがおいしいですね」

長野県・須坂で育ったソバと茨城県・金砂郷のソバは同じ常陸秋そばだが、大黒屋の常連客である高円宮憲仁《のりひと》親王はほほ笑みながら、信州そばのほうに軍配を挙げたという。

元々常陸秋そばは信州から茨城へ移入された経緯があるだけに、須坂へ里帰りしたそばのほうが風味ともにすぐれるのは自然の摂理によるのかもしれない。

大黒屋へは下町のそば好きに混じって、政財界や芸能界などからも関係者がお忍びでよく訪れる。そのなかでも、菅野成雄、雅江夫婦にとって忘れられない顧客が皇室の三笠宮崇仁《みかさのみやたかひと》の三男高円宮だった。

高円宮は学習院大学法学部を卒業後、カナダのクイーンズ大学に留学してから帰国。当時は国際交流基金に勤めており、「外国の歴史と文化を知るために大事なものは言語と食文化」が持論で、大変な食通としても知られた。

浅草に生まれ育ち、柳橋の深川亭という料亭の七代目になるはずが、毎日新聞記者となりサンデー毎日の編集長を務めた牧太郎は、平成二十一（二〇〇九）年六月に発刊された『蕎麦春秋』第九号で、高円宮を次のように紹介している。

「グルメ狂いの宮様といえば多分、『蕎麦一筋』の故・高円宮親王憲仁殿下（昭和天皇の甥・今上天皇の従弟）だろう。オープンな人柄。皇族として初めてテレビの生放送に出演した時も、久米宏に『なぜ出演を承諾なされたのですか？』と聞かれ『この日は何をいっても許される四月一日ですので』と切り返した。洒落た宮様だ。

宮様の行きつけは、浅草観音裏の路地にある『蕎亭・大黒屋』。店は細長く右側がすべて『小上がり』。女将さんから渡される品書きは扇子。何やら江戸にタイム・スリップしたような隠れ家である」

高円宮が大黒屋に通うになったのは、知人の会社経営者・金子善一が主宰する「甚六会」という食通の集まりに招かれたからだ。昭和六十一（一九八六）年一月に夫人の久子《ひさこ》妃と初めて姿を見せ、平成十四（二〇〇二）年十一月に四十七歳の若さで亡くなるまで、店で楽しいひと時をすごしたという。

「ありふれた手打ちのそば屋でございます」という店主のあいさつに心を動かされたようで、当時の様子を菅野は次のように振り返る。

「大体夕方の六時半ごろからお見えになり、九時ごろまでいらっしゃった。お酒の飲み方もきれいで、少しも乱れることがなかった。ご自分が召し上がる料理と同じものをお付きの運転手にも必ず出され、周囲への気配りも忘れない方でした」

高円宮は卓に着くとそば味噌を肴に日本酒をチビリチビリとやることを好んだが、特に気に入ったのがそば飯とろろだったという。

これは、そばの実を炊いて茶飯に混ぜたものに、大和イモをすってつくったとろろをかけて、そばのもり汁と卵の黄身を混ぜて味付けをしていた。

昭和の初めに菅野の師匠・片倉康雄が新宿で開いた一茶庵の看板だったそばとろにヒントを得た一品で、茶碗で出したが、高円宮は必ずお代わりを求めた。

正月七草の一日限りで出すそばの実とアワを炊いたそばがゆも楽しまれたという。


「殿下はそばに関するうんちくがとても詳しく、日本酒がお好きで、石川の天狗舞を気に入っていただいたのはうれしかった。久子妃はここで出す天ぷらが特にお気に入りで、お酒もたしなまれても強くてわれわれのほうが酔っ払って、なぜ男のお子さんはいらっしゃらないのかとか、失礼なことも随分と申し上げてしまった」

こう言って、三十年前を回想するのは、甚六会のメンバーで、能登・和倉温泉にある加賀屋を経営する小田禎彦だ。

博学で、会話にユーモアとウィットがあって、誰をも引き付けてやまない人柄。「外交官百人分の力があるのでは、なんてわれわれの間では話題にしていた。銀座のバーへ一緒に出かけても、コンクールに応募するバーテンダーにうまいカクテルの作り方を伝授していた。雅子さまにとっても大切な相談相手だったのに、早く亡くなられて……」と小田は早逝を惜しんでやまない。

気さくな人柄の高円宮は、大黒屋でアルバイトをしていた東大医学部付属看護学校の女子学生にも「お酒飲めるんでしょ」と言って、酌をするほどだった。

その一人、三枝万里子は「自分はいける口なので、主人の菅野さんの許可を得てお酒をいただ

石臼でそばを挽く高円宮夫妻

きましたが、ふだんはお目にもかかれない方にこんなに親しく接してもらえるとは感激しました」と当時を振り返る。

久子妃は『高円宮憲仁親王』（中央公論新社）の中で、大黒屋の印象について次のように記している。

「おいしいですね。宮さまは、お蕎麦というのは昼間にただ食べる食事ではなくて、酒のつまみにしてゆっくり味わいながら食べることもできる。新しいお蕎麦の楽しみ方を大黒屋ではじめて発見したとおっしゃっていました」

高円宮は久子妃と石臼で自らそばを挽いたり、そばがきを捏ねたりもした。夫妻そろって、そば打ちの世界に心ゆくまで浸ったようだ。これらの場面は「在りし日の宮さま」の写真となって調理場の隅にさりげなく掲げられていて、お客さんの目にはつかないようにしてある。

「政治家とか芸能人の写真、一筆ものは店内に飾らないこと。選挙のポスターみたいで目障りだ」という恩師・片倉康雄の教えを守ってのことだ。

甚六会について少し補足すると、埼玉県川口市で鋳物会社を経営する金子善一が昭和三十七（一九六二）年に大学を卒業するとき、同じホテル研究会に所属した仲間で卒業後もたまに一杯やろうとつくった集まりだ。六人がいずれも長男だったことから「惣領の甚六」から引用してこう名付けた。

その金子が昭和五十九（一九八四）年初夏に長野・乗鞍《のりくら》の雪渓でフィーゲル・スキーに出かけた折、知人を介して高円宮と知り合い、おいしい物好きの夫妻を囲む会を、鶯谷《うぐいすだに》の「笹乃雪《ささのゆき》」で開いた。

江戸以来三百年以上も続く豆腐料理店の老舗で、十代目の奥村多市郎はその時から高円宮が亡くなるまでの十八年間、ダイビングなどの趣味を通じて交流を深めていく。

「人間味にあふれた皇室という感じ」と高円宮の人柄をしのぶ奥村が、大黒屋での思い出を次のように語る。

「私たちと一緒にいる時は唯一の息抜きという感じでした。ビールはあまり呑まれなかった。そば味噌が好きで、これをつまみながら日本酒は冷やで三合くらい呑んでいたが、酒の強い方だった。そば料理は何でも好きで、どれも残さず、きれいに召し上がっていたことを覚えています」

高円宮は甚六会には久子妃と夫婦そろって参加したが、それ以外にも国際交流基金の同僚や習字の先生、学習院時代の学友、サッカーチームの関係者たちと大黒屋へ足繁く通った。

菅野がある時、店の千社札を差し上げると、高円宮から「僕も持っています」と言って恥ずかしそうに札を出して見せた。そこには「日本國高円宮」と書いてあり、菅野が「殿下も江戸っ子ですね」と言うと、「そうですよ」と言って二人は大笑いしたという。

高円宮に「ドイツ大使館の知り合いから和紙でできた行燈がほしいとたのまれた」と聞き、菅野が稲荷町の問屋に現物を探しに出かけたことも。

そんなほのぼのとした交流が続いてきたが、平成十四（二〇〇二）年三月ごろのこと。高円宮の秘書から「来週の月曜に店へお邪魔したい」と連絡があり、菅野が「定休日ですが、お店を開けましょう」と伝えたところ、「それでは申し訳ない。またの機会に」と言ったまま、高円宮は黄泉路《よみじ》へ旅立ってしまった、という。

「足利の師匠との別れの時もそうだったが、またの機会というものは人生にないものだということを痛切に感じました。宮様との交流の日々を記録した写真やいただいた色紙は家宝として大事にしまっています」と菅野は高円宮との思い出を語るのだった。

河童の弟子入り

高円宮と同様に大黒屋の菅野成雄、雅江夫妻と付き合いが長いのが、舞台芸術家でエッセイストの妹尾河童《せのおかっぱ》だ。

昭和五（一九三〇）年神戸生まれ。独学で舞台美術を習得し、オペラ「トスカ」でデビューした。

自身が神戸で暮らした戦時中の体験を『少年H』というタイトルで小説に書き、三百四十万部も売れるベストセラーに。この作品は平成二十五（二〇一三）年には監督・降旗康男、主演・水谷豊、伊藤蘭という顔ぶれで映画にもなり、話題を集めた。

その妹尾が、「幻の『河童庵』顚末記」という一文をジャズピアニストの山下洋輔が編集した『蕎麦処 山下庵』（小学館）に寄せている。やや長いが、ユーモラスな内容なので以下に再録しよう。

「『好きな蕎麦屋は何処ですか？』と聞かれると、答えるのをいつも躊躇《ためら》う。あまり人に知られたくないという僕のケチな下心があるからだ。だから、『蕎麦屋の特集』などの雑誌が出ると心配になる。掲載されていないのを確認すると、ホッとする。

その店の主人も『うちは普通の蕎麦屋です。紹介されるほどの名店じゃありませんよ』と言っている。事実、ある雑誌の編集者が紹介したいと言ってきたとき、『取材はご勘弁を』と、ひたすら断っていた。かといって、偏屈なオヤジではない。

彼の名前を明かすと『菅野成雄』と言い、店は浅草にある『蕎亭・大黒屋』である。

彼の人柄は、偏屈どころかその逆で、いつも明るくニコニコしている実直な人なのだ。

彼が断る理由は、『紹介していただいても、二十人前ほどしか打てないので、せっかく来てくださっても『売り切れです』と断らなければなりません。それが申し訳なくて…』

僕も『そうだ。そうだ』と思った。『浅草の大黒屋』が有名な店になってほしくないのだ。本音は、僕が食べたいときに、断られたくないからである」

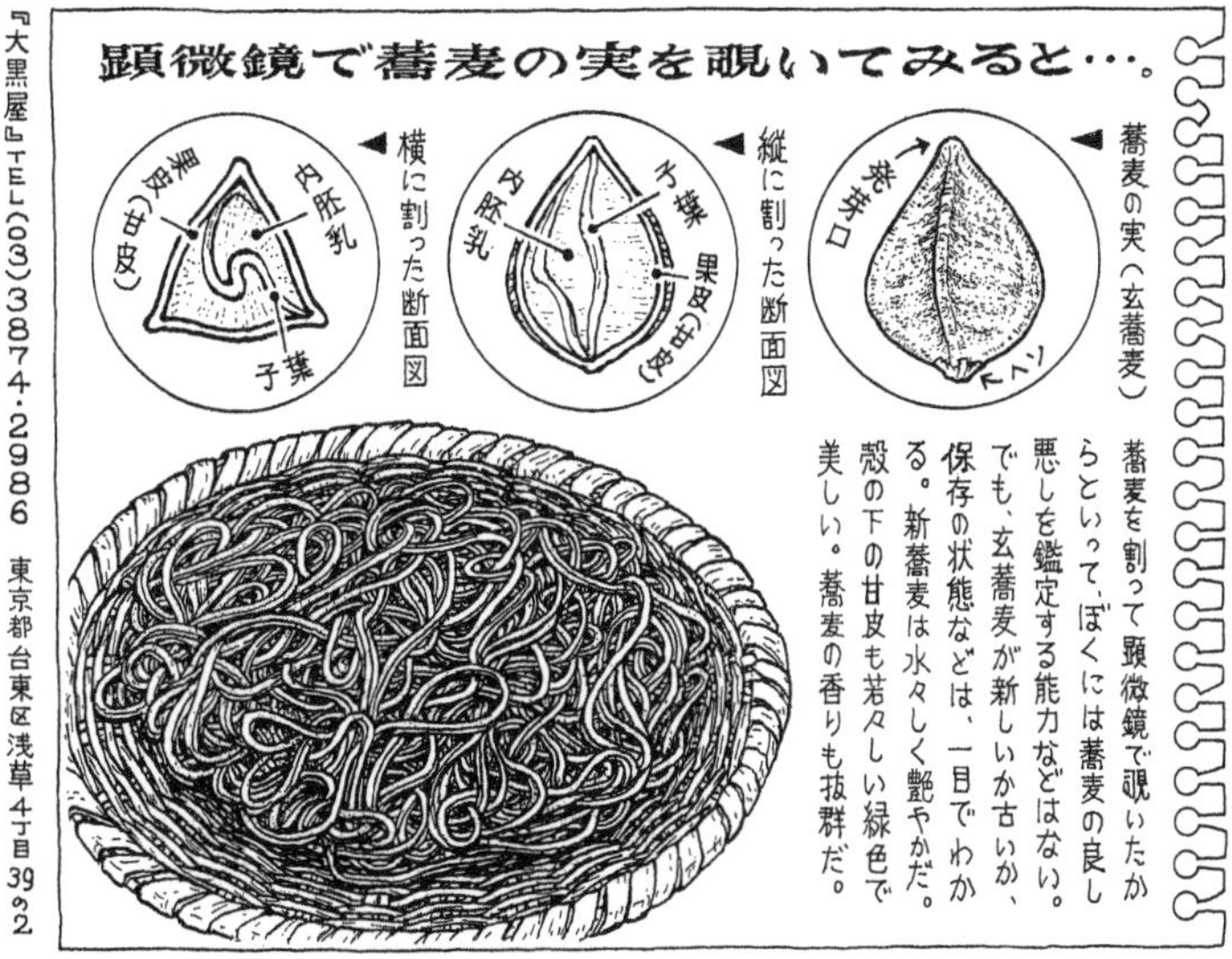

『河童のスケッチブック』（文藝春秋）

妹尾河童は料理雑誌に白菜と豚ばら肉を使った秘伝の鍋「ピエンロー」を公開するなど〝好奇心旺盛な食いしん坊〟としても知られ、世界各国の料理を妻の風間茂子と食べ歩いている。大黒屋へも通うようになって三十年近くという。

「最初にせいろを食べた時、『ああっ、この味だ』と思った。自分の好みにピッタリあったそばを出してくれるのが大黒屋さん。有名店と違ってここはいろいろな品を出さないで、そばらしいそばだけを食べさせてくれるから気に入っている。何軒もそば屋を食べ歩いた末、大黒屋へたどり着いた」と話す。

一茶庵系のそば屋といえば、柚子切り、卵切り……などと変わりそばを出すところが多いが、大黒屋の品書きにはそれらはなく、そばはせいろと田舎の二種類のみ。その理由について菅野は河童に次のように説明している。

「自家製粉で挽ける粉の量には限りがあるから、その量だけでそばを打つとなるといろいろな品書きができません。あくまでせいろを基本にして、原点を大切に守っていきたいと思っています」

仕事場の壁には片倉康雄師匠の写真と、その片倉の筆による「何でもないありふれた手打ちそば粉じまんのせいろそば」とつづられた書が飾ってあって、そばを打つ菅野を見下ろしていた。河童は八十歳近くになるまで、大晦日に本人主催の年越しそばを食べる会を仲間たちと開いた。集まって来るのは澤地久枝や阿川佐和子、立花隆といった作家やエッセイスト、芝居仲間の面々で、マンションの一階にある鐘を皆で撞いてから大黒屋から取り寄せたそばの湯がきたてを食べたという。

そんな河童に対して菅野成雄は「そばを打ってみませんか？　休みの日に教えますから。そうすれば食べたい時に食べられますよ」と持ち掛けたことがある。

平成十二（二〇〇〇）年秋のことで、河童は「それでは最初の弟子にしてもらおうかな」と言って、定休日の月曜に二年近く、十数回大黒屋へ通い詰めたという。

大黒屋の菅野成雄は弟子を取らない蕎麦屋として知られてきた。

「自分は人に教えるタイプじゃないですから」と語るが、河童に声をかけた理由については菅野は「何にでも興味を持つ河童さんがにどんな興味を示すか、面白そうだと思ったから」と話している。

そば打ち修業に励む妹尾河童

大黒屋の二階に初めて案内された時、河童は驚くことばかりだった。菅野夫婦の生活空間でもありながら、玄ソバを貯蔵する巨大な冷蔵庫や製粉室が空間を占拠し、温度・湿度などをきちっと管理している。

石臼も手動、電動のものがたくさんあり、電動でも手回しより遅いくらいの速度で回転していた。石臼が熱を持つ、粉焼けを避けるためで、これでは粉が少ししかとれない。そばが二十人分くらいしか打てない理由がよくわかったという。

顕微鏡が置いてあるところにも感動したという。河童は当時、各地の玄ソバを集めて、顕微鏡で見比べていたからだ。

習い始めて三回目くらいまでは優しく指導していた菅野が、通ううちにだんだん厳しくなっていった。

「水回しはもっと手早く」

「麺棒に力を入れすぎると厚みが変わりますよ」

「駒板に包丁を沿わせてリズミカルに」……。

間髪を入れず飛ぶ指示に、「あまり厳しいと辞めますよ」と音を上げながらも何とかそばが打てるようになったころ、河童は菅野から漆塗りの木鉢と包丁をプレゼントされた、という。

そして、「ここまできたら白衣も作りたい。胸には『河童庵』の刺繍文字を入れて」という河童の願いも聞き入れて、菅野は白衣を注文してくれた。

気をよくした河童は家に帰って、妻の茂子に報告すると、「自分の気が向いた時だけそばを打つけれど、粉もつゆも大黒屋さんから買ってくるなんてとんでもない。部屋中を粉だらけにされるのはゴメンですよ」と笑われてしまったという。


その後、河童は予期せぬアクシデントに見舞われる。

舞台から足を踏み外して客席へ転落し、右手首を骨折してしまったのだ。

「もう右手は使えないな」と思うくらいひどい骨折で、名医の手術によって手首はつながったが、そば打ちは断念せざるを得なくなったという。

「河童庵を開くことが幻に終わったのは残念。でも、菅野師匠の指導を受けたおかげで、『たかが蕎麦、されど蕎麦』を実感しながら、以前にも増してそばをおいしくいただけるようになった」

河童は菅野と過ごした黄金の蜜月をこう思い出している。

第五章　在来種探す旅

こそばの畑から冬の妙高の山々を望む

妙高のこそば

秋晴れの平成二十七（二〇一五）年九月十五日、新潟県妙高市の関田山脈《せきださんみゃく》の谷間に開けた緑のソバ畑。白い花が風にそよぎ、ミツバチやチョウがその上を盛んに飛び交っている。

「今年はすごい。大雨が降らなかったからか、ソバの育ちがとてもよくて、葉の下の茎にまで花がついている。こんなことは初めてだ。これでイノシシに食い荒らされなければいいのだが……」

と、やや興奮気味に語るのは、地元で希少在来種「こそば」の栽培と普及に長年取り組んできた市村伊佐夫《いちむらいさお》だ。

昭和二十七（一九五二）年生まれ。旧新井市役所に勤めた後、平成十三（二〇〇一）年にJR新井駅近くの田園地帯に「こそば亭」を開いて、自らそばを打ってきた。

そのわきで、土がふかふかしたソバ畑へ足を踏み入れているのが、大黒屋の店主・菅野成雄と雅江夫妻のほか、岐阜の下呂温泉で「蕎麦料理　仲佐」を営む中林新一、岐阜・神岡町の仏料理店「ビストロ シェ・ボア」のオーナー林暢之である。

長野との県境に位置する関田山脈は、日本海からの距離が約三十キロ。標高が千メートル程度の山並みが東西約八十キロにわたって連なり、冬になると五メートルを超える豪雪に覆われる。

こそば亭でせいろを食べる菅野成雄と中林新一（右）

ブナやミズナラなど広葉樹の森が原生林に近い状態で残っている自然豊かな里山で、迷路のような深い谷間で昔から生をつないできたのがこそばである。

菅野が前々年から店で打つそばにこそばも使うようになって常連客の評判がよいので、この年のソバの実り具合を確かめるために現地を訪れたのである。

一行は市村の案内で、地元の清酒蔵である「鮎正宗」を見学した後、山荘に泊まって温泉に浸かり、上越の海で獲れた鮮魚の刺身や山菜とキノコの天ぷら、笹寿司、鯨汁などの郷土料理を肴に深夜まで酒宴を繰り広げた。

翌日、「こそば亭」に寄り、市村の長男晋也が打つ自慢のそばと天然舞茸の天ぷらを賞味した。

この店のそばは在来種のこそばを手刈り、天日干しにして石臼で手挽きし、オヤマボクチという ヤマゴボウの繊維をつなぎに使って打つ。オヤマボクチは無味無臭なので、こそば本来の味を楽しめるというわけだ。晋也は一日二時間かけて石臼を挽くが、取れるそば粉の量は十食程度という。

菅野がこそばを食べての印象について「味も香りもよく立ち、本当にうまい」とうなれば、中林も「超最高。モチモチ感と味が抜群です」とほめたたえる。


菅野成雄は片倉康雄が率いる一茶庵の流れを引きながらも、「孤高の職人」のイメージが強い。同業者と徒党を組むこともなく、弟子もとらず、黙々と一人でそばを打ってきた。

中林新一は日本料理の世界からそばの世界へ入ったが、在来種のソバを追い求め、それを手挽きの石臼で自家製粉する技術を完成させた。名のあるそば職人にも大きな影響を与えたが、門下生と呼ぶ人間などは持たない。

そば打ちの世界では、弟子を多く育ててその頂点に立ち、一つの流派をつくる職人がいる。もともと「砂場」や「更科」、「藪」など江戸以来続く老舗の系図を見ると、職人技の伝授という意味では暖簾分けは自然なことなのかもしれない。

一茶庵にしても、創始者の片倉康雄がそば打ち大学までつくり後進の育成を目指したのだから同様だろう。

現在でいえば、高橋邦弘の「達磨」や阿部孝雄の「竹やぶ」には傘下の弟子が多く、個性的な職人を育ててきている。

高橋は弟子を取るようになった理由を「上求菩提《じょうぐぼだい》　下化衆生《げけしゅじょう》」の言葉があるように、自らの道を究めながらも後進育成の手助けをしたかったからという。全国各地のそば教室や村おこしにも飛び回っている。

「縁があって家族となった若者たちにはそばだけでなく、いろいろな文化に接して素敵な料理人に成長してほしい」。こう語る阿部は、百花繚乱と言われるほど個性的な教え子を何百人も持つが、その数などかぞえたこともないという。

二人はそばの雑誌などで、そば打ちの神様だとか名人などと紹介されることも多い。その高橋も阿部も昭和十九（一九四四）年生まれで、菅野より一歳年下である。

しかし、菅野も中林も「日々自分のそばを追い求めるのでせいいっぱい。弟子を持つ余裕はないのです」と口をそろえる。


そんな二人が出会ったのは、これより三年ほど前、中林が蕎麦評論家の片山虎之介に案内されて知人らと浅草へ大黒屋を初めて訪れた時のことである。

「一茶庵系と聞いたので、変わりそばをやるイメージがあって大した店じゃないだろうと思っていた。ところが菅野さんのそばを食べてみて、そばを打つ技術のすごさに驚いた。そばの世界を深く極めようとしていることもよくわかったが、正直言ってそば粉に少し問題があるのではと思った。香りと味が薄く感じられたからだ」

と中林は大黒屋で食べたそばの第一印象を率直に語る。

茨城・金砂郷や長野・黒姫山麓などいくつかの産地からソバを取り寄せていた菅野は、中林の指摘にそれまで自分が使っていた改良種より、地方で少量獲れる在来種のソバの方が自分のそば打ちにはふさわしいものがあるということを知った。

「シンちゃんは俺より十六歳若いが、そばのことをいろいろと教えてくれるので先生と呼びたい」と菅野が言えば、中林は「大黒屋さんは良いと思ったことは何でも自分のそば打ちに積極的に取り入れる。七十歳にもなって新しい世界に挑戦するところがすごい」と、互いの存在を認め合う。

二人は毎日午後三時ごろになると携帯電話で連絡を取り合って、そばをめぐる話題をいろいろと交換し合うのが日課になっている。

「うちのお父さんはそばに熱心な人の話には夢中になる。仲佐さんと付き合うようになってから、私のことをあまり怒らなくなった」と菅野の妻雅江が笑いながら語る。

菅野が東京・下町のそば切り包丁を打つ職人を紹介すれば、中林は岐阜の手挽き石臼を作る職人を引き合わせるというように、二人は互いの技術がさらに向上するよう協力し合う間柄だ。

そして今回のように在来種のソバの生産地を一緒に訪れたり、中林が長野や岐阜県などに持つソバ畑の刈り入れに菅野夫妻が手伝いに行ったりするのであった。

ところで、大黒屋の店主・菅野成雄が目覚めたソバの在来種とはどんなものを指すのか——。

ソバの栽培種には大まかに言って、古くからその土地で長く育てられてきた「在来品種」と、それを多収穫目的に農業試験場などで育種した「改良品種」とがある。

日本列島をざっと見回すと、北海道の富良野《ふらの》在来から長崎県の対馬在来に至るまで各地の個性的な在来種があり、それから特定の個性を選び出し、固定化させたソバを改良種と呼ぶ。ちなみに、菅野が長年使ってきた茨城・金砂郷の「常陸秋そば」は金砂郷在来を品種改良したものであるし、長野・黒姫で栽培してもらっていた「信濃一号」は福島県の在来系統から育種したものだ。

これらの改良種と比べ、在来種のソバは粒が小さくて、デンプン質よりタンパク質が多く、甘皮の占める割合も高い。香りと甘味が強いのが特徴だが、実が小さいから殻を取るのも大変だった。

これに対して、改良種は粒が大きくて、デンプン質も多く大量生産できて、殻も取りやすくなっている。

この改良種の開発に力を入れてきたのが信州大学名誉教授の氏原暉男《あきお》（一九三四―二〇一三年）だ。「そば博士」と呼ばれた氏原は京都大学の大学院修士課程を修了後、科学技術庁で放射線の研究をしてから信州大へ赴任したが、その際に農林水産省から国産ソバの生産に力を入れるため、品種改良の研究を依頼されたという。

氏原は北海道から九州の各地を学生と歩き、在来種のソバの調査を続けた。農家だけで在来種を守っていると、絶やしてしまうので地元の試験場で種を保存するよう指導すると同時に、収穫量がアップするよう品種を改良してきた。

しかし、改良種があまりに普及してしまい、米の減反政策で水田から変わった全国のソバ畑で植えられているのは改良種がほとんどで、在来種のソバは急速に減ってしまったのが現状である。

菅野成雄が新潟の妙高山麓までソバ畑を見に来た「こそば」もそうして生き残ってきた在来種の一つで、蕎麦通の間でも長い間その存在を知られていなかった。

「こそば亭」を開いた市村伊佐夫が、平成十四（二〇〇二）年に片山虎之介著『真打ち登場！霧下蕎麦』（小学館）を読み、「地元には霧下蕎麦よりうまい蕎麦がありますよ」と編集部に手紙を出した。

その本の筆者である片山本人が取材に飛んできて、こそばを一口食べた時の感想を自身のブログに次のように記している。

「自分自身の中にある『蕎麦とはこういうもの』という概念が、木っ端みじんに粉砕されるのがわかった。強烈な香り、濃厚な味。そして独特の強いコシ。今まで日本全国津々浦々、様々な名店、あるいは無名店の味をみてきたが、こういう蕎麦は初めてだった」

蕎麦通を自認する片山をしてこうまで言わしめたこそばを、市村本人が初めて食べたのは、四十年も前のこと。旧新井市役所で土木課の技師をしていたころ、関田山脈の山麓で農業を営む阿《あ》部与司夫《べよしお》の家で「今日、昼はそば打ったから食っていきね。米粒くらいの小さなソバだけどバカうまいから」と言って出されたそばの味が忘れられなかったのである。

「濃厚な味で、モチモチした食感に驚いたのです」と当時を振り返る市村は、妙高の自然条件について次のように説明する。

「妙高山麓には火山灰土の黒ぼく土壌と腐葉土《ふようど》が堆積してできた赤土有機土壌がある。日本海へ

こそばの普及に取り組んだ市村伊佐夫（右）と栽培者の阿部与司夫、その妻の光江

注ぐ関川がその境目になるが、このうち左岸に広がる黒ぼく土で育ったソバはうまくない。これに対し、右岸の赤土で育つソバは別格の味で、こそばはその恵まれた環境で生長しているのです」

この地域では昔から飢饉に備え、農民は山の斜面にこそばの種を蒔いた。本来は良い米が獲れる産地なのだが、小作の対価として地主に納めてきたため、自分たちで米を食べることはできなかったという悲しい歴史があるのだった。「こそばを全国に知られるブランドに育て上げたい」――。

こう考えた市村は平成十三（二〇〇一）年に農家に声を掛けて生産組合を立ち上げた。その一方で、自分でも「こそば亭」を開いて市役所を早期退職するまで、出勤前にそばを打って妻と長女に店を任せる生活を続けた。平成二十年からはサラリーマンだった長男の晋也に店を継がせている。

昼の二時間だけの営業で、近在の人々でにぎわう店だった。

本来は弟子をとらない中林新一が晋也に石臼を使った手挽き製粉のコツを伝授して、「こそば亭」はそば通の間でも知る人ぞ知る、名店として成長していく。

石臼で手挽き

「今年はイノシシにやられないでよかった。山は木の実が豊富で、シシもエサに困らなかったからかもしれん……」

「蕎亭大黒屋」店主の菅野成雄と「蕎麦料理　仲佐」を営む中林新一がこそばの花を見に来て二か月半後の平成二十七（二〇一五）年十二月初め、雪化粧をした妙高山を望む畑で阿部与司夫がこうつぶやいた。

ソバの刈り入れが終わった後で、菅野は土の中から顔を出したこそばの芽を口に入れてかむや、「うまい。こんなに小さくても、ソバの風味をしっかり感じる」と歓声を上げた。

一行に同行した長野県佐久市の農業家小島義徳は、ソバ畑のふかふかした土壌を手に取って「ここの土が軟らかいのは、団粒《だんりゅう》といって空気が通りやすくなっているから。ソバは水に弱く、雨が降ると土に水が溜まり酸素欠乏症になるが、この土壌なら水持ちがよいのと同時に水はけもいい。日当たりもよく、ソバ栽培には理想の条件になっている」と説明した。

この地でこそばを育ててきた阿部は、昭和四（一九二九）年生まれの八十六歳。五歳年下の妻光江と二人で農業を営むが、こそばの中でも究極のソバともいえる「こそばのこそば」を中林のために数年前から育ててきたのである。

阿部夫妻が三日間かけて刈り取ったこそばを、こそば亭の市村伊佐夫がごみや小石を取り除き、粒を揃えて磨きに磨きをかけたものを中林に渡すが、「ピカピカの黒いダイヤを渡す気分だ」と誇らしげな表情を見せる。

「蕎麦料理　仲佐」は岐阜県下呂市に平成七（一九九五）年に開業したそば店で、在来種を手挽きの石臼で自家製粉したそばを食べさせることで定評があり、全国から飛騨の山間地へそば通が訪ねてくる。

千葉県柏市でそば店「竹やぶ」を営む阿部孝雄が平成十五（二〇〇三）年に出版した『そば「竹やぶ」名人の真髄』（プレジデント社）の中で、「仲佐」の中林新一について次のように賞賛している。

「最初に会った時『そばのために生まれてきた男』という言葉がパッと浮かんだほど。強烈に印象に残っています。彼のそばはすべて手挽き。石臼をひたすら回して、その粗挽きの粉でそばを打っているのです。今でこそ、あちこちの店で手挽きのそばが出されていますが、かつては手挽きをする人は誰もいなかった。私が手挽きの田舎そばを思いついたのも、彼のそばを食べてからなのです。もちろん、中林さんには『これ、うちでもやらせてほしい』と断りました。手挽きを始めたのは『竹やぶ』だと言われますが、広めたのは私でも原点は間違いなく中林さんのそばにあるのです」

伝説のそば打ち師扱いされる中林新一は、昭和三十三（一九五八）年三月、栃木県足尾町《あしお》（現・日光市）に生まれた。

母親から母乳代わりにそば湯を飲まされ、離乳食はそばがきだったというほどの、そばの申し子として成長した。

野山を駆けずり回って育った中林は中学卒業後に上京し、文京区白山の普茶《ふちゃ》料理店「梵《ぼん》」で中国伝来の精進料理を十年間学ぶ。その間、都内にある名だたるそば屋をすべて食べ歩いたという。それから岐阜県高山市の老舗料理店「角正《かくしょう》」に移り、尊敬する十一代目主人角竹邦雄の下で十三年間さらに腕を磨き、コース料理のそばは中林自身が打った。

この頃に「竹やぶ」の阿部孝雄に出会っているのだが、なぜ石臼の手挽きにこだわるのか。

「高山市内の骨董品屋に並ぶ石臼を見て心をひかれ、これでそばを挽いて打ったらさぞかしうまいだろうなと思ったのがきっかけ。僕がそばを打ち始めたころは、改良種のソバはまだそんなになかった。在来種を石臼で自分の手で挽き、機械挽きでは出せない味を引き出していくのが醍醐味です」

こう語る中林は、平成六（一九九四）年に下呂温泉の寿司割烹「仲佐」の娘恭子と見合いし、互いに一目ぼれして所帯を持った。その後、「仲佐」を手打ちそばの名店として生まれ変わらせていく。

「蕎麦料理　仲佐」の基本的な品書きは、田舎そばの「手挽きざる」千百円。歯ごたえがあり、清涼感も漂うのが特徴だ。このざるそばに胡麻豆腐とソバの実飯蒸《みいいむ》しを付けた「蕎麦三昧」二千二百円、飛騨ネギなど季節の食材を揚げた天ぷらのついた「天ざる」二千五百円などとなっており、蕎麦懐石のコースもある。

大黒屋の菅野成雄と雅江夫婦は平成二十五（二〇一三）年の秋に仲佐を初めて訪れ、中林新一が在来種だけで打ったそばを食べて、次のように感想を語った。

「つなぎに小麦粉を入れても、香りが十分に強い。改良種のそばに比べ、食感もコシが強く、食べごたえもあって本当にうまいと思った。そばつゆはカツオ節の出しが結構強く、精進料理の影響を受けているのでは」

この時は、温かい種物としてキノコそばがあり、海苔の代わりに昆布でそばをくるんだそば寿司も出されて、菅野夫婦は昼酒を楽しみながら、中林の世界を堪能したのである。

そんな中林が妙高へこそばの生育具合を見に行く際によく同行するのが岐阜県・神岡町で仏料理店「シェ・ボア」を営む林暢之だ。

十数年前に高山市で開かれた蕎麦の会で初めて中林のそばを食べて以来、仲佐ファンになったという林は、次のように絶賛する。

「新一さんのそばは、そばであってそばでないようなもの。自分は懐石料理の中で出される湯だめそばが特に好きで、湯の中に入ったそばを出し汁につけて食べるのが最高。そばがきにしても、ムースを食べるような独特のフワフワ感がある」

仲佐には一日に冬で六十人、夏で八十人くらいの客が訪れるため、その分量のそば粉を中林は毎日午前中に、三時間から四時間かけて石臼を手で回して挽く。

その際に使うソバは新潟・妙高のこそばの他、長野県の奈川《ながわ》在来種と稲核《いねこき》在来種、奥飛驒久手《くて》村の在来種、徳島の祖谷《いや》在来種などで、栽培は生産農家にしてもらう。

「そばのうまさは畑で決まる」と考える中林は、種まきや刈り取り、天日干しなどの際にはできるだけ現地へ足を運び、作業を手伝う。

これらのソバがそば打ち師としての中林の生命線となるだけに、相場より高いお金を払うことで、生産者を励ましているという。

菅野夫婦も松本から上高地へ行く途中の谷間で上條泰利が中林の指示を受けて育てる稲核在来種の刈り入れには店を休んで応援に駆け付ける。

長野県須坂市の河川敷などで長年ソバを育ててきた二人にとって、刈り取りなどお手の物だからだ。

そして、仲佐ではこれら在来種のソバを石臼で挽くわけだが、そばに打つ際には混ぜたりせず、ソバの個性を味わうため、その品種だけで打つ。

これに対して大黒屋では在来種のソバは粗挽きにし、そばがきとして楽しむほか、他の改良種のソバと混ぜて打ち、独自の風味を漂わせるそばに仕立てる。そこにこそそば打ち職人としての技があると考えるからだ。

大黒屋のそばはそば粉百パーセントの生粉打ちだが、仲佐のそばはつなぎに小麦粉を三割入れるという。

「自分のそばは粗挽きなので、つなぎを使うが、それも普通の小麦粉ではなくて、専用の粉を選んでそばの風味がより強く出るよう工夫している。生粉打ちに負けないそばになっていると思う」と中林は胸を張る。

毎日数時間かけて五キロのソバを直径三十三センチの石臼を回して粉に挽き、それから八十食分のそばに打つのは大変な重労働だ。「うまいそばを作りたい」。そのための体調を維持するためにも、トレーニングを欠かさない毎日を送っている。

そんな中林と付き合うようになり、菅野は師匠の片倉康雄からもらった色紙に書かれた次の言葉の意味に、我が意を得たりの思いを強くしている。

「何でもないありふれた手打ち　そば粉じまんのせいろそば」

塩山みかげ

石臼を自由自在に使いこなし、うまいそばを打つ「蕎麦料理　仲佐」の中林新一に遅れながらも、「大黒屋」の菅野成雄が石臼でそば粉を挽くようになるのは、品質の良いソバを求めて茨城県の金砂郷へ通い始めてからの、平成三（一九九一）年のことだ。

どんな石臼を手に入れれば、自分が理想とするそばを打てるのか——。当初は抹茶用の石臼に注目することから始めた。

そして、そばを挽くために手に入れたのは、岡山で取れる万成石《まんなりいし》という花崗岩で作られた石臼で、埼玉県川越市の石材店で見つけた。

このころ、意識していたのが山梨県の塩山で作られた石臼で、それは師匠の片倉康雄がよく菅野に語りかけた言葉の中に、塩山の地名が出て来ていたからだ。

片倉が書いた『手打そばの技術』には次の一節が出てくる。

「私が昭和の初めから現在まで、臼のつくりは変わっても、引き続き使用しているのは、『塩山みかげ』という石である。――甲州すなわち山梨県の塩山で取れる花崗岩系統の石である。水晶が多く、同時にまたウロの多いことを特徴としている。つまり、固くて熱を持たないという、（前述の）条件をそなえた石なのである。

ウロがあるということでは、安物の蜂巣石《はちのすいし》などにも似ているが、水晶を含んでいるために硬質なところが違い、たいへんに粉にしやすい。私はこの石を、昭和の初め、日本一のそばの名所、信州・川上村を訪れた際に教えられ、甲州路の川の中で発見した。

ただ、現在は『塩山みかげ』も埋蔵量が減ってきたために、山一つ入札しなければ手に入らない状態にあるようだ」

菅野成雄は休日を見つけては妻の雅江と塩山へ出かけるようになり、ある日、大菩薩峠のふもとの町で、タヌキをぶら下げた一人の猟師と出会う。

「石臼を探しているのか。それならうちの納屋に転がっているぞ」と教えられ、十万円で譲ってもらった。

「高いとは思ったけれど、現物が手に入り大喜びだった。ところが、それは漬物をつけるのに長年使っていたので、塩出しをするのに数か月もかかり、結構扱いに手間取った」と菅野は振り返る。

石臼は、石でできた上臼と下臼の間でソバの実をすりつぶして粉にする伝統農具だが、どういう点がすぐれているのか。

機械製粉は二本のロールを高速で回転させ、その間に玄ソバを通して細かく粉砕させる方法で、大量生産には向くものの製粉時に摩擦熱が生じ、そば粉の風味を落とす恐れがある。

これに対し、石臼製粉は上臼の「もの入れ」という穴から玄ソバを入れて回転させ、上臼と下臼の「目立て」された面のわずかな隙間を粒が移動し、粉砕されていく。

電動の石臼からは細かな、しっとりしたつながりやすいそば粉が挽き上がるのに対し、手挽きの石臼は低速回転のため粉の粒子に大小さまざまなものが混じった粉が出来上がるという。同じ石臼でも手挽きの粉は粗い分、舌触りも良く風味も強いが、つながりにくいので、手挽きそばを打つ中林にしても小麦粉をつなぎに使わざるを得ない。

百パーセントそば粉の菅野のそばは粗挽きの在来種ソバをつなぐために、電動石臼で挽いたきめの細かい改良種ソバをつなぎに使っているわけである。

菅野は機械挽きのそば粉と石臼挽きのそれを電子顕微鏡で比較しながら観察したことがあるが、石臼挽きは粒子が丸みを帯びているのに対し、機械挽きは鋭角の粒子を引きちぎったように見えたという。

「両方のそば粉は食感がまったく違うが、石臼挽きに機械挽きを一、二割入れると、まったりした食感がピリッとして風味が増すことも。純米酒に醸造アルコールを添加した本醸造の酒のようなものです」と菅野は酒造りに例えて説明する。

菅野は須坂市の千曲川河川敷でソバを育てていたころは、石臼を黒姫の鍛冶屋、駒村栄のところに持ち込み、石の表面に電動カッターとチョウナを使って溝を掘る「目立て」の方法を教わったり、モーターをつけてベルトで回すように改造してもらったりした。

駒村の目立ての技術は、レコード盤からヒントを得て石臼が回転しても表面がソバの粉で目詰まりしないような工夫がされていた。

「機械製粉は鋼鉄に刻まれた目でそば粉を挽くため、一定の水準のものしかできない。ところが、石臼というのは目立ての仕方によってそばの風味がいろいろと変わる。同じソバの実を挽くにも使う石臼によって、味も違ってくる。僕のように飽きっぽい性格の人間にとって、石臼は次から次へと興味がわいて尽きない面白い世界なのです」

菅野は石臼挽きの魅力についてこう語るが、目立てまで自分でやるようになり、空中を飛ぶ石粉や微粉を吸い込み、健康を害し肺気腫《はいきしゅ》寸前までいってしまったこともあったという。

大黒屋で菅野成雄が使うその石臼は、仲佐の中林新一と知り合うようになってから、さらに進化を遂げていく。

中林が長年使っている石臼は三台。いずれも大きさは尺一（直径三十三センチ）で、上下の臼ともに厚さ十五センチほど。乗鞍岳《のりくらだけ》の噴火で生まれた溶岩でできていて、気孔があるので熱がこもらないのが特徴。中林は一分間に十八回の速度で臼を回してソバの実を挽く。

二度挽きして出来上がったそば粉は、殻がほとんど取り除かれているので色が白い。甘皮の部分は繊維質を含むので粉にはならず、粒に砕かれる。これを馬の尻尾の毛を編んでつくった篩にかけてそば粉は完成する。粉になった甘皮は入りすぎると食感を悪くするが、粒状であれば多く入っても食感に影響はなく、風味をよくさせる効果があるという。

「石臼は玄ソバをすりつぶすのではなくて、切るところに意味がある。目のつぶれた石臼で挽く粉は、破壊された粉で、それでは風味のよいそばは打てないものです」

こう説明する中林は日常的な目立ては自分で行うが、大きな修理は岐阜県飛騨市の石工、砂原源吉に任せている。

寛政十二（一八〇〇）年創業の砂原石材五代目で、六十年以上も石臼の直しをしてきたベテラン職人だ。

菅野は、中林の紹介で初めて砂原に会い、御嶽山《おんたけさん》の溶岩でできた石臼を購入したが、「下町的な雰囲気がある楽しい人だった。きちっと目立てがされた石臼だったが、上臼の表面にソバの実が穴から下に落ちやすいように、自分で溝を掘って使っている。名人の作ってくれた作品に手を加え、怒られるかもしれないな」と言って、いたずらっ子のように笑う。

砂原によると、石臼の材質は砂岩《さがん》や溶岩のように少しざらつくような石を選ぶと風味が強い粉が挽けるのだという。花崗岩は目が詰まっていて硬すぎ、擦れた表面が焼けて鏡のようにツルツルになるのであまり適さないのだそうだ。

中林本人も「そばを挽いてもそば団子に使うきな粉を挽いても、花崗岩と溶岩では風味の強さにはっきりした違いがある」と話す。

一茶庵の創始者・片倉康雄はかつて、「塩山みかげ」という花崗岩系統の石で作った臼が、そばを挽くのには一番ふさわしいと言っていたが、そば打ちの技術も時代とともに進んできたということなのだろう。

実際、片倉が塩山みかげの石臼を見つけた長野県川上村は戦前は良質なソバの産地だったが、戦後は高原野菜の産地として有名になり、ソバはあまりつくらなくなっているという。

大菩薩の水

ところで、大黒屋の菅野夫婦が塩山へ石臼を探しに出かけていた時の話題に戻るが、現地でよく宿泊していたのが、大菩薩峠の登山口にある裂石《さけいし》温泉の雲峰荘《うんぽうそう》だった。

現在でも二か月に一度ここへ行くのは、そばを打ち、出し汁をとるのにもっとも良いと思える天然の水をわけてもらうためなのだ。

こだわりのソバを育てて、自ら石臼を挽いてうまいそばを打ち、客をもてなしたい。そんな一念の菅野が店を始めて早い時期から気にしていたのが、店で使う水の問題だった。

大黒屋でも浄水器を水道の本管に取り付け、調理用の水に使っていた。そのころの様子について読売新聞が「めん麺メン」という連載を企画した際、平成四（一九九二）年六月十四日付朝刊で次のように取り上げられている。

「なぜだか分からないんですが、水を変えてから、打ってから時間がたってもそばが腐りにくくなったし、うまみも逃げない」

東京・浅草のそば屋「大黒屋」の主人、菅野成雄さんは浄水器の〝威力〟をこう話す。だが、こうも言う。

「いいには違いないが、人工的な気がするんです。何か、いじっているような……」

そんなことを感じていた菅野が出合ったのが、雲峰荘の水だった。ここでわけてもらうのは山からのわき水で、アルカリ度が高い水。そばが酸化しにくく、そばを打つ際に使うと香りが強く引き出され、つゆに使う出し汁もよくとれるのが特徴という。一度に二十リットル入りのタンク三本に入れて、車で持ち帰る。

雲峰荘は自家栽培の野菜や山菜を使った料理を出す山の宿で、菅野夫婦はここに日帰りで、時に一泊して日ごろの疲れを癒す。

二十六度の源泉を沸かしている温泉で汗を流すのが二人の楽しみで、「やわらかなお湯に浸かっていると、お肌がツルツルになって気分もとてもリフレッシュするの」と妻の雅江がご機嫌な様子で語る。

「山の水」で思い出されるのは、福島県喜多方市の旧山都町宮古の名物「水蕎麦」である。

飯豊山《いいでさん》の清らかな伏流水を使ってそばを打ち、つゆ無しでその水につけて食べる。そばそのものの風味を味わえるというわけだが、地元の人がゆで上げたそばを冷水で洗っているうちに待ちきれずにそのまま口に入れたのが始まりらしい。

「水そばを食べたことはない」という菅野だが、「本来そばはつゆもつけずに食べるのが理想。水も使わずにゆでたてをそのまま食べれば一番いいのだが、今のそばは改良品種だから香りも旨味も出てこない。そこで相方のそばつゆが必要になるのです」と説明する。

大黒屋では現在、二十年前のような浄水器は使ってないという。

そばを打つ場合と出し汁を取る時には大菩薩の山の水を使うが、そばをゆでる時とすすぐ時には水道の水を普通に使っている。

「昔はカルキ臭い水だったけれど、金町浄水場の浄化能力が飛躍的に高まったから。もともと水道水は軟水と硬水の中間で、そばをゆでる時にはむいているのです。今では東京都の水道水をペットボトルで売り出しているが、こんな時代が来るとは思わなかった」と菅野は話している。

第六章　吉原の今昔細見

毎年４月に開かれる「一葉桜まつり」では、絢爛豪華な衣装で花魁が練り歩く「花魁道中」を再現。右は肩貸の役を演じた大里米太郎

浪曲の夕べ

東京の下町・浅草では、落語や講談などの演芸活動が盛んだ。

太平洋戦争中の東京大空襲で奇跡的に焼け残った木馬亭は、昭和から平成へ時代が移っても浪曲が聴ける、庶民の憩いの場として賑わう。大黒屋もそば店でありながら、時にこうした文化的な催しを行ってきた。

平成二十七（二〇一五）年十月には新進気鋭の女流浪曲師玉川奈々福とベテラン曲師《きよくし》（三味線弾き）沢村豊子の名調子を聴く夕べを開いた。

「ちょぼくれ、ちょんがれ…」

「はるか遠い昔よりさまざま呼ばれし語り芸……」

大黒屋の小上がりに座った二十人ほどの客が、三味線のリズムに乗った女浪曲師の表情豊かな語りにじっと耳を傾け、時に大笑いする。

この日の演目は中間《ちゆうげん》（武家の奉公人）が借金願いの手紙を届ける先を、旗本の陸奥守《むつのかみ》と仙台公の陸奥守で間違えたという「陸奥間違い」と、師匠に捨てられた若い浪花節《なにわぶし》語りが再入門したのは万年前座の浪花節語りのところだったが、奮起して次第に頭角を現す正岡容《まさおかいるる》原作の新作浪曲「浪花節更紗」の二点。

奈々福がこの日身につけていたのは、そば店での語りにふさわしく「二八」の紋様が入った綿のきものだった。江戸型染作家小倉充子《おぐらみつこ》の「雪暮夜《ゆきのよる》」という作品だという。

沢村豊子の三味線に合わせ、浪曲をうなる玉川奈々福（左奥）

玉川奈々福は横浜市の出身で、老舗の出版社で小沢昭一担当の編集者を務めてから、一九九五年に二代目玉川福太郎の門下に入った。

当初は三味線を弾いていたが、師匠の勧めにより、自ら浪曲をうなることになった。古典はもとより多くの新作浪曲をつくり、浪曲界で今もっとも注目される存在に。

浪曲とは明治初期に始まる演芸で、浪花節ともいうが、浪曲師の声に、曲師のバチさばきで庶民の義理人情や喜怒哀楽のドラマを伝えてゆく。

奈々福はその魅力について「三味線の音色と、声節《こえふし》のグルーヴ感で、うれしいのか悲しいのかわからない間に別次元に連れていかれてしまう。私は無敵の芸能と思っています」と説明する。

沢村豊子は十二歳でこの世界に入り、三波春夫や村田英雄の三味線も務めたことがある、いわば巨匠的な存在。奈々福とは親子ほどの年が離れているが、「アンタ、二葉百合子になる覚悟はあるかい」とたずねた時、「絶対になります、なってみせます」と答えた気性の良さを気に入り、コンビを組むことになった。

浪曲は譜面のない世界で、豊子が奈々福の表情や仕草を見ながら三味線を弾く瞬間芸だ。二人は首都圏を中心に全国各地を巡業している。そうした合間を縫って、大黒屋にも顔を出す。

店主の菅野成雄は「奈々福さんほどのどが通る浪曲師はいないのではないか。今まで男がやっていて地味な世界だったが、新しいジャンルの浪曲誕生という印象を受けた」と感想を話している。


一時間ほど浪曲を聴いた後は、大黒屋名物の「鴨すきうどんなべ」を肴に、参加者で日本酒を酌み交わす宴会タイムに移る。

玉川奈々福は自分の浪曲を聴いてくれた客の間を純米酒の一升瓶を持って酒をついで回りながら、自らも盃を口に運び、談笑を続ける。ホームグラウンドの木馬亭では客と直接酒を酌み交わす機会はまずないであろうから、独特の雰囲気が盛り上がる。

大黒屋は菅野成雄と雅江の夫婦二人だけで営むそば店なので、客から次々と注文を出されても、応じきれない。

そこで、そばを出すまでのつなぎとして考えたのが、夫妻の恩師である一茶庵の片倉康雄による直伝の鴨すきうどん鍋である。

一茶庵系統の店で出す鍋といえば、「浄選鍋《じょうせん》」という鴨肉と野菜、うどんを出し汁で煮込んだ寄せ鍋が一般的だ。これに対して大黒屋の鍋はカツオ節で取った二番出しをはった鉄製の陣笠鍋で鴨肉や野菜をしゃぶしゃぶのようにゆがいた後、特製のつけ汁に浸していただく。

「野菜とお肉の味が、とってもおいしいの。いくら食べても飽きることがない。お師匠さんがお前たち、この世界で生き残れるように、と教えてくださった命綱のようなもの」と雅江が語る鍋は、こだわりの食材の結晶といっていいだろう。

片倉康雄直伝の鴨すきうどん鍋

まず鴨肉だが、これは独自のルートで手に入れたチェリーバレー種という米国産の合鴨を使う。以前は国産の合鴨を使っていたが、魚のアラをエサに使って飼育したためか臭みが残るので、穀類をエサにして育てて、脂もよくのった外国産に切り替えた。

菅野はこの合鴨を一羽丸ごと買い、自らさばいてモモ肉の上に抱き身という胸肉の部分をのせてビニールでくるみ冷凍させる。それをハムのように五ミリ程度の薄さに切って鍋に使うが、最初に昆布で取った出し汁に付けるのは自慢の野菜からだ。

ホウレン草や白菜、長ネギ、椎茸、エノキ、舞茸、カボチャ、人参、大根などを揃えるが、いずれも有機栽培で育った季節の旬のものを選ぶ。

「師匠には春菊を入れよと教わったが、アクが出るのでほうれん草に変えた。人参やカボチャは鍋でゆでる前にお客さんが食べやすいように蒸しておくなど、自分なりの工夫もしています」と菅野は語る。

野菜は初冬の霜が入るころから、旨味がさらに増す。

この浪曲の会が開かれた時はまだ鍋の具材に入ってなかったが、片倉康雄が「殿様ネギ」と絶賛した肉厚で甘味のある下仁田《しもにた》ネギやコクと旨味があるエビイモが出回るようになると、鍋はさらに豊かな滋味であふれてくる。

宴席で「こんなに日本酒と合う鍋は初めて」という声を聞くが、大黒屋の鍋のつけ汁が酒飲みの舌を虜にするのかもしれない。

菅野成雄特製のタレをつくるためには、まず醤油を一升鍋にあけ、そこに真昆布とカツオ節を削ったものを大量に入れる。良質の日本酒二合を加えて、トロ火で煮詰め、そこに蕎麦に使う一番出しを入れて味を調える。

ここに皮付きの柚子を薄く切って入れ、七味唐辛子もふり、大根おろしを加えてつけ汁は出来上がる。

大黒屋の鍋では、最後の〆に手打ちうどんを出す。

前にも紹介したように菅野夫婦は葛飾区金町に畑を持っており、ここで育てた農林六十一号という小麦を粉にして打つうどんが常連の評判なのだ。色が黒っぽいため、そば粉が混じっているのでは、という印象も受けるが、小麦粉だけで打った純粋なうどんである。

このうどんは鍋で湯通ししてからつけ汁に浸して食べるのが一般的だが、大黒屋ファンの中には、生のうどんをそのままそばのようにして食べたり、つけ汁につけて刺身感覚で口に入れたりする客も少なくない。日本酒にとても合うからである。

鴨すきうどんの鍋は、野菜の旨味をとことん味わえる鍋ということで、有名無名の多くの客が大黒屋を訪ねてくるが、菅野夫妻にとって忘れられないのは、夫婦デュオで有名になった歌手の「ヒデとロザンナ」の出門《でもんひで》英だ。

出門は一九九〇年六月に四十七歳で、結腸がんで亡くなったが、生前一人で大黒屋へ何度も通い、この鍋を食べていたという。

「野菜を多くとれば、がんに負けないと考えていたのだろうか。ヒデさんはあの若さで何とも残念なことを、と思いました。葬儀には女房と二人で参列させていただいた」と、菅野は四半世紀前を振り返り、しんみりした表情を見せた。

花魁道中を再現

良く晴れ渡った平成二十八（二〇一六）年の四月九日、土曜日。

東京・浅草観音裏の一葉桜・小松橋通りには、延々と長い人だかりができていた。

浅草の春を彩る「一葉桜《いちようさくら》まつり」が開催されていて、その目玉行事である江戸時代の吉原遊郭の花魁《おいらん》に扮した女性たちが、絢爛豪華な衣装で練り歩く「おいらん道中」を一目見たいと、地元住民や多くの観光客が詰めかけたのだ。

江戸開府四百年の平成十五（二〇〇三）年に、八重桜の一種「一葉桜」を通りに植えたことを記念して始まり、十四回目を数えた。

おいらん道中は江戸時代、吉原遊郭でもっとも格が高いとされる花魁が、禿《かむろ》や新造、傘持ちなどの世話役を従えて練り歩く最大のイベント。昭和三十三（一九五八）年の売春防止法施行で吉原の遊郭が廃止された後、三年後に浅草出身の作家久保田万太郎の助言で料亭「松葉屋」が花魁のショーとして引き継いだ。

浅草観光の目玉としてはとバスコースにもなっていて、女将の福田利子が「吉原が生んだ江戸の風俗や文化を絶やしてはいけない」と頑張ってきたが、平成十（一九九八）年に店の経営難と建物の老朽化を理由に松葉屋は廃業し、花魁ショーも途絶えた。

そこで、本家・花魁道中の復活にいずれつなげたい、として吉原に近い小松橋通りで、地元住民の有志が音頭を取って続けているのが、一葉桜まつりだ。

この日、おいらん道中を見物に出かけた大黒屋の菅野成雄、雅江夫妻は「年々注目されるようになり、沿道はカメラやスマホを持った人がびっしり並んでいる。今年は特に外人観光客が多いのが目についた」と感想を話す。

「吉原は赤線廃止後、一般住民と風俗店の間で溝ができてしまった」と語るのは、菅野の小学校以来の友人で、浅草吉原振興協会の大里米太郎だ。

松葉屋が閉店して九年後の平成十九年に「江戸吉原　花魁ふぇすた」を風俗街のメーンストリートである仲之町で開催しようとしたところ、地元浅草警察署が「暴力団の資金源にもなっている風俗店があるところで、このような行事は認められない」として道路使用を許可しなかったことがある。

大里は「吉原の町内で寄付を集め、地元台東区の補助も受け、万全の態勢で臨んだが、頭の固い署長がどうしてもＯＫしなかった。風俗の経営者は警察ににらまれるのが怖いので、こうした時になると皆腰がひけてしまう。それでも、花魁道中は吉原で行うのが筋と考えるので、またやる準備を進めています」と語る。

大里自身は、おいらん道中で、花魁に付き添って歩く肩貸《かたかし》の大役を演じたこともあり、江戸吉原の伝統文化を継承保存するための活動を長年続けてきた。

そんな吉原は江戸時代に幕府によって唯一公認された遊里である。

元和三（一六一七）年に現在の日本橋に近い人形町あたりの、葦《よし》が茂る湿地帯に作られたことから「ヨシワラ」の名がついた。

京都・島原の遊郭を範とし、東京ドームとほぼ同じ面積の空間に一大歓楽地帯を作ったが、明暦三（一六五七）年正月に明暦の大火に遭い、吉原は消失した。

これを機に遊女屋はすべて浅草寺と目の鼻の先にある日本堤《にほんづつみ》へ移転した。その際に「営業できる土地を五割増」「夜の営業も許可」「周辺の火事・祭への対応免除」などの便宜を与えられ、移転前の吉原を「元吉原」、移転後を「新吉原」と呼び、一般に吉原と言えば「新吉原」を指すことになった。

日本橋地区に残された元吉原はその後大衆娯楽センターに生まれ変わり、中村座や市村座などの芝居小屋やあやつり人形、義太夫などを見せる小屋に多くの人が詰めかけ、にぎわった。

一方の新吉原は元吉原の二倍の広さ、三万坪の敷地に常に三千人以上の遊女がいて、不夜城の別世界を作った。周囲は「おはぐろどぶ」と呼ばれる幅約九メートルの堀が張り巡らされ、遊女の逃走防止に使われていた。

唯一の入り口である大門《おおもん》から入った大通りの仲之町は両側には引手茶屋《ひきてぢやや》（芸者や太鼓持ちの遊芸と飲食を提供する店）が三十軒ほど並び、もっとも格式が高い場所とされた。

菅野成雄の生家である履物屋の大黒屋はその仲之町と交わる揚屋町の角にあった。

色里である吉原は、諸国の大名や豪商、文人墨客やその支援者、趣味人の武家や町人が集まることから江戸文化の最大の発信地だったといえよう。

吉原が題材になった歌舞伎には「助六由縁江戸桜《すけろくゆかりのえどざくら》」や「籠釣瓶花街酔醒《かごつるべさとのえいざめ》」など遊郭での男女

の色恋沙汰を取り上げた作品が多い。

吉原遊びは庶民の羨望の的だっただけに、落語では「吉原百人斬り」、「廓の夜桜」など多くの作品があり、吉原からはさまざまな文化や流行が生まれた。

「廻れば大門の見返り柳いと長けれど、お歯ぐろ溝に燈火うつる三階の騒ぎも手に取る如く、明けくれなしの車の行来にはかり知られぬ全盛をうらなひて」

これは明治の作家、樋口一葉（一八七二―九六年）が描いた『たけくらべ』の冒頭の書き出しだが、一葉は吉原と目と鼻の先にある竜泉寺町に住み、遊里の世界へ入っていく少女の人生を小説に記した。


吉原の主役は何といっても客を迎える遊女だが、病気や老い、災害に見舞われて亡くなった女性も数知れない。

日本堤の外れにある三ノ輪の浄閑寺《じょうかんじ》には「新吉原総霊塔」がたつ。その下には「生まれては苦界　死しては浄閑寺」の碑文が刻まれ、一説ではここに二万五千人もの遊女が葬られていると伝えられる。

下町を好んで歩いていた永井荷風は『里の今昔』の中で浄閑寺について次のように書いた。

「明治三十一、二年の頃、わたくしが掃墓に赴いた時には、堂宇は朽廃し墓地も荒れ果てていた。この寺はむかしから遊女の病死したもの、または情死して引取手のないものを葬る処で、安政二年の震災に死した遊女の供養塔《くようとう》が目に立つばかり。その他の石は皆小さく蔦《つた》かつらに蔽《おお》われていた」

荷風は浄閑寺に何度も立ち寄り、遊女たちを偲び、自身の将来について『断腸亭日乗』の昭和十二年六月二十二日付で「余死するの時、後人もし余が墓など建てむと思はば、この浄閑寺の塋域娼妓の墓乱れ倒れたる間を選びて一片の石を建てよ。石の高さ五尺を超ゆべからず、名は荷風散人墓の五字を以て足れりとすべし」とまで書いたのだった。

浄閑寺の新吉原総霊塔の向かいには「震災」と記した荷風の歌碑も立っている。

そんな荷風と言えば、甘いもの好きとして知られたが、和菓子の「きんつば」は吉原の土手で売られたものが遊女の間で広まり、評判になったという。

しかし、吉原がルーツとなる食べ物でいえば、真っ先に取り上げられなければならないのは「そば切り」だろう。

話は江戸時代中期の安永年間（一七七二―八一年）に遡るが、日本堤の土手から新吉原大門に向かって下りた右側に「増田屋」というそば屋があって、ここの釣瓶そばが遊郭へ入る前の腹ごしらえの場として人気があった、と大人向けの絵本である黄表紙に出てくる。

江戸で食べさせる蕎麦は、それより百年前の寛文四（一六六四）年ごろに新吉原の郭内で売り出された「けんどん蕎麦切り」が始まりという説になっている。

けんどんとは、吉原の下級遊女を喧鈍女郎と呼んだことに由来し、お代わりなしの盛り切り一杯のそばで当初は高値だったが、後に誰にでも手を出せる価格となり、広く受け入れられた。

次いで元文年間（一七三六―四一年）に、吉原で「夜鷹《よたか》蕎麦」と呼ばれるそばが売られる。夜間、

江戸の黄表紙に描かれたそば打ちの光景（『是高是人御喰争』東京都立中央図書館特別文庫室所蔵）

路傍で客引きをしていた私娼を夜鷹と呼んだが、彼女たちがもっぱら食べたそばをこう呼んだ。

その中身は「蕎麦粉のつなぎを入れたのを夜中売り」と川柳で冷やかされるような、うどんのような駄そばであったという。

夜鷹蕎麦の少し後に流行ったのが「風鈴蕎麦」で、屋台で風鈴の音色を聴かせながら、種物のそばを食べさせた。夜鷹に飽き足りない客層を狙ったが、夜鷹蕎麦も風鈴をつるすようになり、両者の区別がつかなくなっていったという。

庶民の食べ物と位置付けられたそばも、祝いの品である「敷初《しきぞめ》蕎麦」には破格の値がつけられた。

花魁をはじめとする高妓《こうぎ》（高級遊女）が馴染みの客から夜具を贈られた時の祝いを敷初といい、盛大に祝った。天明期（一七八一―八九年）に一流妓楼の「松葉屋」では、二八蕎麦でいえば千三百杯分をふるまったという記録があるほどだ。

吉原で敷初蕎麦を出していた店には揚屋町の「福住屋」、伏見町の「結城屋」などがあったといい、「夜着ふとん吉原中のそばを喰い」と川柳にうたわれるほどだったのである。

以上で見てきたように、江戸そばと遊女の関係は密接なのだが、現在の吉原はどうなっているのか。

明治三十年代に開業した「大村庵」という古いそば屋が一軒あったが数年前に閉店し、平成二十八（二〇一六）年に創業七十年を迎えた「能登屋本店」が吉原ではもっとも古いそば店となる。

「うちはそばの専門店ではなく、中華そばや丼物も出す普通の食堂ですよ」と昭和二十六年生まれの店主中谷茂が話す。

「自分が子供のころは能登屋さんから年越しそばをよく出前してもらっていた。カミさんが調理師免許を取るときに調理の手伝いをさせてもらったこともあります」

吉原の思い出をこう語る菅野成雄だが、足利の師匠、片倉康雄から「お前もなかなかやるじゃないか」とほめられたことがある。

菅野が大黒屋を開き雅江と所帯を持って間もないころ、それまでそばを食べに来てくれた吉原の女性客が次第に顔を見せなくなり、店は一時閑古鳥が鳴いていたことがあった。

そこで、菅野は片倉から教わった秘伝の「そば餅」を作って吉原の風俗店を売り歩いたのである。

そば粉に米で作った上新粉を混ぜて練り上げ、ゆでて作った餅にきな粉やこし餡、胡麻をまぶして、直径二・五センチほどの三種類の菓子に仕立て上げた。甘味が強くならないように、砂糖の代わりにグラニュー糖を使ったのがコツという。

萱野はこの餅を三個ずつ計九個、小さな折詰に入れて当時四百円の値段をつけて、自転車に乗って実家近くの風俗店を訪ねた。

裏口から中へ入り、女の子たちの控室に行くのは吉原育ちの萱野にとって我が家の廊下を行くようなもの。「おいしいですよ」と下着姿でくつろいでいる一人一人にそば餅を勧めると、「じゃあ私にもちょうだい」と反応は良く、たちまち売り切れたという。

風俗店の女性たちは仕事中、外へ出られないので、ストレスをやわらげるためにも甘いものは特に人気があったそうだ。

かつて吉原の土手で売られ遊女に人気があったきんつばを思い起こさせるようなエピソードだが、片倉師匠は弟子の萱野から「本日はそば餅が何個売れました」と電話で報告を聞くと、「そうか、そうか。それなら次は花見団子の作り方を教えてやろう」と言って、日ごろは気難しい声を和ませたという。

みな子姐さん

大黒屋の萱野成雄、雅江の夫妻は自分の店で平成八（一九九六）年から尺八や篠笛などの伝統

最後の吉原芸者、みな子姐さん

和楽器の演奏を楽しむ集まりを開いてきた。

「町中では尺八を自由に吹ける場所がなく困っています」

「公民館も制約が多すぎて、演奏を十分に楽しめない」

店の常連客で、IT関係の仕事をする松永治通が菅野に相談してきたとき、「俺たち夫婦にも教えてくれるのなら、座敷を自由に使ってもらっていいですよ」と答えたのが定例会の始まりだった、という。

松永が講師役になり月に一度、店の定休日である日曜の夕方、常連客でもある七人の会員を集めて、男性が尺八、女性が篠笛を習ってきた。

江戸時代に虚無僧《こむそう》が吹いた普化宗《ふけしゅう》の曲ばかりでは重苦しい雰囲気になるので、「雨降りお月さん」や「川の流れのように」などのポピュラーナンバーも取り入れた。

「指を使うから、認知症予防の稽古ですよ。リラックスしながら長く続けばと思ってやってきた」と菅野店主。

会が終われば、その後居酒屋に席を移し、反省会と称して一杯やるのが楽しみの趣味の会なのである。

そんな江戸の文化的雰囲気が漂う大黒屋で、平成二十一（二〇〇九）年から新たに始まったのが、「最後の吉原芸者」と呼ばれるみな子姐さんから小唄《こうた》や端唄《はうた》を教わる集まりだった。

姐さんが大黒屋の近くの千束通りをほろ酔い加減で歩いているところを菅野成雄の友人、大里米太郎と民俗研究家の山縣基与志が見つけ、店へ案内したのがきっかけだった。

本名は長尾みつ。大正八（一九一九）年、北海道当別町の生まれで、昭和大恐慌真っ只中の時代に十一歳で吉原の芸者置屋へ奉公に出され、十二歳で初舞台に立った。詩人の西条八十らには可愛がられた、という。

吉原といえばとかく混同されがちだが、芸者は花魁と違って「芸は売っても、体は売らない」という強いしきたりがあった。

それだけに、客を退屈させてはいけないと、唄、三味線、踊り……とあらゆる芸を磨き、宴席を盛り上がらせたのである。

太平洋戦争が始まってからは、「ぜいたくは敵」のスローガンの下、夜は歌舞音曲が禁止となり、芸者は仕事ができなくなった。

みな子姐さんも勤労奉仕隊の班長を務めさせられたが、その頃の様子を自伝『華より花』（主婦と生活社）の中で次のように書いている。

「近所の作業場で、檜《ひのき》の木を鉋《かんな》で削ってね、緑色に染めて紙縒《こよ》り状にするんですよ。それを何に使うかっていうとね、なんと国会議事堂の屋根にびっしりと敷き詰めるっていうのよ。

カモフラージュっていうあれよ、B29からの。今思えばねぇ、これじゃ勝てっこないわよ、こんなんじゃ。お偉いさんたちが、吉原の芸者に守られているんですからねぇ」

やがて姐さんは東京大空襲に遭い、手足にやけどを負いながらも戦後を生き延びた。百二十人いた芸者のうち吉原に戻ったのは十二人だけだったという。

その戦争が終わって三十三歳の時、姐さんは十七代目中村勘三郎に請われて歌舞伎座で端唄の『梅と松』を踊ったこともある。

輝かしい芸人人生を一瞬送ったわけだが、売春防止法で三百年続いた花街の灯りが消えてからは苦難の道を歩んできた。

「みな子姐さんは自分が小学校六年生のころ、実家で店番をしているときに何度も見かけたことがある。彼女は当時、そば屋の大村庵の裏に住んでいて、そこから引手茶屋の松葉屋に向かうところだった。背筋をしゃんと伸ばして実にきれいだったことを覚えています」

菅野は六十年前をこう回想して、「お座敷がなくなった芸者さんたちは皆、その後生活していくのが大変だったと思う」と同情を寄せる。

そんなみな子姐さんが再び目の前に現れたのだから、菅野成雄の感激もひとしおというもので、吉原の昔の思い出話をしながら自分たちにも小唄を教えてくださいとお願いし、快い返事をもらったのだという。

みな子姐さんはこの時、八十九歳という高齢。大黒屋へ来ると、座敷にきちっと正座して、集まった五、六人に小唄や端唄、俗曲を指導する。小唄の「お伊勢参り」や端唄の「梅は咲いたか」など、毎回一曲ずつを習う集いを計十回開いた。

教え子に師匠の前できちっと正座させて、足がしびれてくるまで練習させた。大体一時間くらいで我慢できなくなるが、そうなると「ハイ、けいこは終わり」となる。

みな子姐さんは日ごろから、菊正宗の佳撰（旧二級酒）を一升空けるほどの酒豪で、大黒屋でけいこをつける時も菅野が作るそば味噌をつまみながら酒を水代わりに呑んでいた。それでも、顔色一つ変えなかったという。

けいこが終わった後の姐さんと過ごすひと時も皆楽しみにしていて、「トンカツがお好きと伺いました。ヒレですか」と聞くと、「何言ってんのよ、ロースに決まっているじゃない」と威勢のいい言葉が返ってくる。

「江戸幕府が唯一芸者としてお墨付きを与えたのは吉原芸者だけ。あとは町芸者と呼ばれたの。だからあたしは江戸幕府には恩があるけれど、日本政府からは恩を受けてないのよ」と、切れのいい啖呵《たんか》も飛ばす。

「美人薄命という言葉があるでしょ。最近自分のことが心配で心配で、夜も眠れないことがあるの」と九十歳近い大御所のセリフにその場にいた誰もが笑い出す。

「一緒に酒を飲んでいても、大変な飲ませ上手。話芸も大したものだけれど、自分が『酒も女も二合（号）までがいいですか』と水を向けると面白がって、そのセリフをあちこちで言いまわっていました」と語るのは大里米太郎だ。

そんなみな子姐さんが大黒屋と割烹あさくさで三味線を弾きながら俗曲や長唄を唄う様子を民俗芸能に関心を持つ山縣基与志が『さわぎ　吉原仲之町四代目　みな子』のタイトルで一枚のDVDにまとめている。

吉原の火が消えた後のみな子姐さんは、日雇い労働者の町・山谷のアパートで暮らしたり、住居も転々としたりする不遇な時代が続いた。昭和三十六（一九六一）年に松葉屋が引手茶屋から料亭に姿を変え、花魁ショーを始めてから再び吉原芸者の芸を披露することに。

夜のお江戸観光コースに組み込まれ、海外の観光客からも評判になるほど一時は盛り上がった。東京都議会で女性都議が「都が筆頭株主になっているはとバスが、性の売買の容認につながる花魁ショーを観光コースに入れるのはおかしい」と発言し、論議を呼んだこともあった。

頼みの松葉屋がバブル経済崩壊後の平成十（一九九八）年に店をたたんでしまってからは「むつみ」という釜飯屋で酒のお燗番を務めたりしていたが、その後浅草見番の浴衣祭りで再び芸を披露したことがメディアに大きく取り上げられ、弟子の数も増えていく。

みな子姐さんは大黒屋からそう遠くないアパートの三階に暮らしていて、けいこが終わると菅野や山縣たちが皆で手をつないで送っていくのが習いだった。

「私は命がけよ」と笑いながら、壁に手をあてて伝うようにして階段を上がっていく姿を見て、菅野たちは工具センターで手すりを買い、アパートの大家の了解を取ってコンクリートにドリルで穴をあけて、これを取り付けた。

それからは、みな子姐さんが手すりにつかまりながら階段を上がれるようになり、自分の部屋の窓から顔を出し、「ちゃんと帰ったよ」と手を振るのを確認してから、安心して店へ引き上げたという。

そんな元気な姐さんだったが、平成二十二（二〇一〇）年四月二十一日に見番でのけいこ中に気分が悪くなり、自ら浅草寺病院に駆け込み、その場で入院した。

菅野夫妻は仕事の合間を見ては見舞いに訪れて、姐さんの血行がよくなるようにと手足をさすったりして、元気になるようにと励ました。

「みな子さんは弟子が出演する晴れの舞台であいさつをすることになっていたが、その場に行けなかった。自分がその様子をビデオに撮ってきて病室で見せると、ベッドから起き上がって居住まいをただすようにして映像をじっと見つめていました」

菅野は当時の様子をこう振り返るが、「芸者として百歳まで頑張る」と周囲に語っていたみな子姐さんは五月三十一日、がん性腹膜炎で息を引き取った。九十歳の大往生だった。

「酉の市」で知られる鷲神社横の長国寺で開かれた告別式には菅野夫婦も参列したが、遺志を継いだ弟子たちが艶やかな女木遣りや三味線、鼓、太鼓などの演奏で、天国への旅立ちをにぎやかに見送ったという。

江戸の空気に憧れ

大黒屋で行われた玉川奈々福の浪曲を聴く夕べや、みな子姐さんから小唄を教わる集いの話を紹介してきたが、落語家の十一代目桂文治や三遊亭歌武蔵《うたむさし》らを招いて、寄席を開いたこともある。「川柳とそば喰う腹は江戸ぞかし」といわれるくらい、江戸話には川柳と落語は欠かせないからで、「時そば」や「そば清」などなじみの滑稽話に参加者は腹を抱えて笑った。

座敷に緋毛氈《ひもうせん》を敷き、テーブルを重ねて高座もつくり、座布団を並べて寄席らしい雰囲気を演出する。一席が終わったら、酒を酌み交わしながら蕎麦も手繰る。

菅野成雄はこうした文化的な催しを自分の店で開く理由について次のように話している。

「祭好きの下町だからこういう集まりを持つのですよ。僕は小学生のころから親父に仲見世へ連れて行ってもらい、落語や浪曲などいろんなものを楽しみながら大きくなった。うちへ蕎麦を食べに来てくれるお客さんにも、そんな世界の一端を知ってほしいと願っているのです」

以前にも触れたが、そば打ちというのは大変な重労働で、菅野夫婦もともに七十路に入り、体に無理が利かなくなっている。

「同じ味の、おいしいそばをお客さんに食べてもらうためには、何よりも自分たちの体調を管理していくことが大事。無理をしないでおそばのように細く長く、店を続けていきたいね」

二人で話し合った結果、平成二十七（二〇一五）年八月から昼の営業は取りやめ、午後六時から四時間の夜の時間帯のみ予約客を受け入れる態勢に切り替えた。

そして、年の暮れに二百五十食分打ってきた年越しそばを作るのもやめた。

これまで馬車馬のように一年中働き続けてきた菅野夫婦は、昼寝の時間を取るようになり、体の調子が良くなってきた、という。

最近の健康の秘訣は、松葉を使って作った自家製健康飲料を飲むことで、これは一升瓶に水と松葉、砂糖二百グラムを入れて栓をして屋外へ出しておく。すると瓶の中が発酵してサイダー状の液体ができて、これを呑むと血液の循環が良くなるのだそうだ。

古希を迎えながら、在来種のそば打ちという、ある意味で究極の世界へと足を踏み入れた大黒屋店主菅野成雄と、その夢を支える妻の雅江は今後どのような道を歩んでいくのだろうか――。

「吉原の下駄屋の倅に生まれた自分がこの世界に入るとは正直想像もできなかった。そばの分野は未知のことが多くて、この齢になっても興味が尽きないのです。体力が続く限り、そばを打っていきたい」

東京の下町には、かつて頑固一徹の職人がそば打ちに限らずたくさんいたが、そうした姿を見ることも少なくなった。

「そばだけでなく、天ぷらや卵焼きなど出される料理すべてにとても手をかけている。大黒屋さんはわれわれ外科医にとっても見習うべき点がたくさんあるのです」

そば打ち師・菅野の仕事ぶりをこう評するのは、大学の研修医時代に先輩から連れられてきて、三十年近く大黒屋に通っている東京労災病院第三外科部長の穴見洋一だ。

三社祭の時には大黒屋の法被を着て家族で神輿をかつぐ熱血医師が次のように続ける。

「自分たちの仕事は、患者さんにとっていかに負担の少ない手術をするかが大事。そのため、今日行った手術の結果に満足しないで、技量を常に高める必要がある。大学や病院で教授になったから、外科部長になったから、あるいは手術を千例やったからと言って、『あがり』ではないのです。

さらなる高みを目指して、日々考え、研鑽に励まなければならない。しかし、そうした努力をひけらかすのも見苦しい。菅野さんはまさにそうした仕事を実践されているので、大黒屋へ来るとそばのおいしさに心を動かされると同時に、身が引き締まる思いもするのです」

今宵も多くのそば好きが、観光客でにぎわう雷門や仲見世の喧騒から遠く離れた浅草の奥座敷にある「蕎亭」の暖簾をくぐってくる。

それは、江戸の雰囲気に触れながら、うまいそばをたぐって、身も心も癒されたい、と願ってのことなのだろうが、ベテラン医師穴見の感想を聞いて、まさに目からウロコが落ちる思いがした。

昭和の終わりのころから長年「大黒屋」へ通い、この作品を書き上げてきた私にしても同様の気持ちである。

菅野夫妻がこの地で店を始めて、平成二十八（二〇一六）年の十一月で四十年を迎えた。

職人芸に終わりはないというお二人の末永い健康を願って、ここで筆をおくことにしたい。

（了）

あとがき

新しい年の始まり

平成二十八(二〇一六)年五月十五日。

ピッ、ピッ……、ドン、ドーン……。

ハーサー、エイサー。

笛や太鼓の音に続いて威勢のいい掛け声が、東京・浅草の町中に響き渡る。浅草神社の境内から三つの神輿を担ぎだす「三社祭」の宮出しが勇壮に行われ、半纏に鉢巻き姿の担ぎ手によってご神体が街を練り歩いていく。

毎年五月の第三日曜日は、蕎亭大黒屋を営む菅野成雄さんと雅江さんの夫婦にとって、特別の意味を持つ。

長年店を手伝ってくれた東大医学部付属看護学校の女子学生たちが祭に参加するため、家族連れでやってくるからだ。

昭和から平成に入る十五年間、彼女たちが「いいご夫婦の店よ」と先輩から後輩へとアルバイト先として引き継いできたのが大黒屋なのである。

今では皆家庭を持ちながらも、看護師として医療現場の第一線に立つ。

「お久しぶり、元気だった？」

「おカミさんも相変わらずで、うれしい」

元女子学生たちは神輿を担いだ後は、大黒屋の座敷で恒例の宴を楽しむのだった。

「下町に暮らしていて、三社の季節が来ると、また新しい一年が始まるように感じられる」と菅野さん。

菅野夫婦はそば打ちの弟子は取らなかったが、職人としての生きざまを間近に見てきた看護学校OGのような若い人たちはたくさんいるのである。


蕎亭大黒屋が建つ浅草四丁目の周辺は、浅草観音の裏手に当たり、歴史ある神社や料亭も多く、遊郭があった吉原の町や日雇い労働者の町・山谷にも近い。

交通の便がよくないことから、表玄関の雷門や仲見世などと比べて観光客の姿が少ないのが特徴だ。

奥浅草とも呼ばれるこの地域へ『日和下駄《ひよりげた》』を書いた永井荷風にならって、私が散歩がてらそばを食べに通うようになり、三十年がたつ。

大阪から東京へ転勤し、落語家・三遊亭円龍の書いた本で、大黒屋の存在を知ったのがきっかけだった。

通い始めた当時幼稚園児だった中年生《さるどし》まれの息子が「大黒屋のおそばは日本一でゴザール」と

言って、サルが蕎麦を食べる漫画を描いて店の片隅に飾ってもらったこともある。

菅野さん夫婦には親しくしてもらい、あまりに身近な存在ゆえに、大黒屋のそばの世界をこれまで客観的に見ることがなかった。

一茶庵の創始者・片倉康雄の秘蔵の弟子であり、自らソバを栽培し、石臼でこれを挽き、小麦粉のつなぎを使わない百パーセントそばを打って客へ出す。

片倉師匠の恩師で、昭和の初めに『蕎麦通』というそばの古典を書いた伝説の人物・高岸拓川の墓守までしているという話には、正直いって驚かされた。

菅野さんは七十歳を過ぎてから在来種のそばを打ち始め、「人間は死ぬまで向上心が大事」と言って、生涯一そば打ち職人としての人生をまっとうしようとしている。

私はこれまで東北・塩釜の寿司職人や国税当局と闘いながら純米酒造りに生涯をかける埼玉・蓮田《はすだ》の蔵元、世界に羽ばたく宮崎・都農《つの》のワインメーカーなど、食と酒にこだわる人々の評伝を何冊か書いてきた。

「そばの達人」などと語られる菅野さんと同世代のそば職人の中には現役を引退し、後継者の育成に乗り出す人物もいる。そうしたそば打ちとは対照的な菅野さんの孤高な生き方に心を強くひかれてきた。

私自身がそば打ちの技術を継承できない以上、できることは何か。大黒屋の世界を活字にして残すことしかないという、結論に至ったのである。

菅野さんご夫妻には一茶庵・西神田店での修業時代の記録ノートや片倉師匠直伝の料理のレシピなどを見せていただく一方で、新潟や長野、茨城などの遠隔地にあるソバ栽培地へも案内していただいた。

民俗研究家の山縣基与志さんをはじめ大黒屋の長年のファンから貴重なお話を伺うこともできた。そのおかげで、お二人を軸にした日本の蕎麦通史のような本が書き上がったと考えている。

ここで報告しなければならないことが二点あります。

本文中にたびたび登場する菅野さんの小学校以来の友人、大里米太郎さんが昨年五月二十一日、病気で亡くなられた。大里さんの協力がなければ、本書の吉原に関する部分は書き上げることはできなかった。感謝するとともに、ご冥福をお祈りします。

また、新潟県妙高市の山中で、稀少在来種の「こそば」を育ててきた阿部与司夫さんが三月十五日、雪かきの作業中に重機から転落して、帰らぬ人となられた。高齢にもかかわらず農業へ情熱をかける姿が忘れられません。お悔やみを申し上げます。

最後になりましたが、お忙しい中、取材に協力していただいた菅野さんご夫妻と多くの方々、そばの世界について門外漢である私に参考文献等でご指導くださった先生方に御礼を申し上げます。特に、江戸ソバリエ認定委員長のほしひかるさんは原稿の全文に目を通し、適切な助言をしてくださいました。

そして、平凡社編集部の金澤智之さんと同社OBの二宮善宏さんの熱意と協力がなければこの作品は世に出なかった。お二人に深く感謝する次第です。

平成二十九（二〇一七）年四月、
浅草の喫茶店「アロマ」で、コーヒーとオニオントーストの朝食を摂りながら

著者拝

参考引用文献（順不同）

片倉康雄著『一茶庵・友蕎子 片倉康雄 手打そばの技術』（一九八八年、旭屋出版）
岩崎信也著『蕎麦と生きる——一茶庵 友蕎子・片倉康雄伝』（一九九七年、柴田書店）
岩崎信也著『蕎麦屋の系図』（二〇一一年、光文社知恵の森文庫）
高橋邦弘著『高橋邦弘の蕎麦大全』（二〇〇四年、ＮＨＫ出版）
阿部孝雄著『そば「竹やぶ」名人の真髄』（二〇〇三年、プレジデント社）
堀田平七郎著『江戸そば一筋——並木藪蕎麦そば遺文』（一九九五年、柴田書店）
藤村和夫著『江戸蕎麦通への道』（二〇〇九年、ＮＨＫ出版）
澤島孝夫著『蕎麦の極意——池之端・蓮玉庵主人が語る江戸の粋・東京の味』（二〇〇八年、有楽出版社）
一般社団法人全麺協編『改訂 そば打ち教本』（二〇一四年、柴田書店）
片山虎之介著『蕎麦屋の常識・非常識』（二〇一二年、朝日新書）
石川文康著『そば往生』（二〇〇二年、筑摩書房）
石川文康著『そば打ちの哲学』（二〇一三年、ちくま文庫）
山縣基与志著『日本人は蕎麦のことを何も知らない。』（二〇〇三年、学習研究社）
国松靖弘著『そば通——江戸ソバリエが選ぶ旨い蕎麦88』（二〇〇四年、まどか出版）
鈴木健一著『風流江戸の蕎麦——食う、描く、詠む』（二〇一〇年、中公新書）
見田盛夫著『東京五つ星の蕎麦』（二〇〇六年、東京書籍）
野上公雄著『ソバ、そば、蕎麦を究める——そばによる地域活性化の総合戦略』（二〇一四年、茨城新聞社）

坪内祐三監修・解説『蕎麦通　天麩羅通』(二〇一一年、廣済堂文庫)
飯野亮一著『すし天ぷら蕎麦うなぎ――江戸四大名物食の誕生』(二〇一六年、ちくま学芸文庫)
新島繁著『蕎麦の事典』(二〇一一年、講談社学術文庫)
植原路郎著『味覚選書04　そば事典』(一九七五年、柴田書店)
植原路郎、中村綾子著『改訂新版 蕎麦辞典』(二〇〇二年、東京堂出版)
太野祺郎著『蕎麦手帳』(二〇一〇年、東京書籍)
金久保茂樹著『蕎麦道楽大全――知る・食べる・打つ』(二〇〇七年、朝日新聞社)
宮下裕史著『そば読本』(一九九四年、平凡社)
宮下裕史著『「そば」名人――読む、観る、手繰る。「せいろの輝き」ここにあり』(二〇一〇年、プレジデント社)
上野敏彦著『千年を耕す――椎葉焼き畑村紀行』(二〇一一年、平凡社)
杉浦日向子とソ連編著『ソバ屋で憩う　悦楽の名店ガイド101』(一九九九年、新潮文庫)
三遊亭円龍著『円龍の下町人情味処』(一九八七年、山と溪谷社)
三遊亭円龍著『円龍のそば行脚』(二〇〇五年、日貿出版社)
奥村彪生著『日本料理とは何か――和食文化の源流と展開』(二〇一六年、農山漁村文化協会)
永井荷風著『摘録 断腸亭日乗(下)』(一九八七年、岩波文庫)
永井荷風著『荷風随筆集(上)』(一九八六年、岩波文庫)
三谷一馬著『江戸吉原図聚』(一九九二年、中公文庫)
沢村貞子著『私の浅草』(二〇一六年、平凡社ライブラリー)
みな子著『華より花』(二〇〇九年、主婦と生活社)
福田利子著『吉原はこんな所でございました――廓の女たちの昭和史』(二〇一〇年、ちくま文庫)
片倉英統著『ライフスタイルとしての蕎麦屋――自分らしい蕎麦屋の開き方』(二〇一四年、幹書房)

山田太一編『土地の記憶 浅草』（二〇〇〇年、岩波現代文庫）
山下洋輔編著『蕎麦処 山下庵』（二〇〇九年、小学館）
妹尾河童著『河童のスケッチブック』（一九九五年、文藝春秋）
高円宮殿下伝記刊行委員会編『高円宮憲仁親王』（二〇〇五年、中央公論新社）
今和次郎編『新版大東京案内』（一九八六年、批評社）
『吉原今昔細見』（二〇一三年、吉原商店会）
『東京大空襲・戦災誌』第一巻、第四巻（一九七三年、東京空襲を記録する会）
『東京下町の昭和史　明治・大正・昭和100年の記録』（一九八三年、毎日新聞社）
『そばうどん39号　特集・粉の不思議』（二〇〇九年、柴田書店）
『自遊人　絶滅寸前。在来種の蕎麦』二〇一〇年九月号

このほか、全国紙、地方紙、『蕎麦春秋』、『サライ』、『ダンチュウ』、『東京人』などの各雑誌を参考、引用にした。

上野敏彦（うえの　としひこ）
一九五五年神奈川県生まれ。記録作家、コラムニスト。横浜国立大学経済学部を卒業し、七九年より共同通信記者。社会部次長、宮崎支局長を経て編集委員兼論説委員。環境公害や漁業、食文化、日本の近現代史が取材テーマで、民俗学者・宮本常一の影響を受けて、北方領土から与那国島に至る日本列島の各地を歩く。著書に『新編　塩釜すし哲物語――震災から復興へ』（ちくま文庫）、『辛基秀と朝鮮通信使の時代――韓流の原点を求めて』（明石書店）、『神馬――京都・西陣の酒場日乗』（新宿書房）、『海と人と魚――日本漁業の最前線』（農山漁村文化協会）、『新版　闘う純米酒――神亀ひこ孫物語』（平凡社ライブラリー）、『木村英造　淡水魚にかける夢』『千年を耕す椎葉焼き畑村紀行』『闘う葡萄酒――都農ワイナリー伝説』（いずれも平凡社）がある。共編著に『日本コリア新時代――またがる人々の物語』（明石書店）、『総理を夢見る男　東国原英夫と地方の反乱』（梧桐書院）など多数。

そば打《う》ち一代《いちだい》　浅草《あさくさ》・蕎亭《きょうてい》大黒屋《だいこくや》見聞録《けんぶんろく》

二〇一七年五月二四日　初版第一刷発行

著者　上野敏彦

発行者　下中美都

発行所　株式会社平凡社

〒一〇一-〇〇五一　東京都千代田区神田神保町三-二九

電話　〇三-三二三〇-六五八〇〔編集〕

〇三-三二三〇-六五七三〔営業〕

振替　〇〇一八〇-〇-二九六三九

平凡社ホームページ　http://www.heibonsha.co.jp/

印刷所　星野精版印刷株式会社＋株式会社東京印書館

製本所　大口製本印刷株式会社

DTP　平凡社制作

ISBN978-4-582-83758-2 C0023 NDC分類番号 289.1

四六判（19.4cm）　総ページ 192

落丁・乱丁本のお取り替えは、小社読者サービス係まで直接お送りください
（送料は小社で負担いたします）。